基于人力资源管理视角的企业员工培训管理研究

陈慧仙　著

北京工业大学出版社

图书在版编目（CIP）数据

基于人力资源管理视角的企业员工培训管理研究 /
陈慧仙著 . — 北京：北京工业大学出版社，2018.12（2021.5 重印）
ISBN 978-7-5639-6478-9

Ⅰ . ①基… Ⅱ . ①陈… Ⅲ . ①企业管理－职工培训－
研究－中国 Ⅳ . ① F279.23

中国版本图书馆 CIP 数据核字（2018）第 303023 号

基于人力资源管理视角的企业员工培训管理研究

著　　者：陈慧仙

责任编辑：郭佩佩

封面设计：点墨轩阁

出版发行：北京工业大学出版社

　　　　　（北京市朝阳区平乐园 100 号　邮编：100124）

　　　　　010-67391722（传真）　bgdcbs@sina.com

经销单位：全国各地新华书店

承印单位：三河市明华印务有限公司

开　　本：787 毫米 ×1092 毫米　1/16

印　　张：13

字　　数：260 千字

版　　次：2018 年 12 月第 1 版

印　　次：2021 年 5 月第 2 次印刷

标准书号：ISBN 978-7-5639-6478-9

定　　价：59.80 元

前　言

当今社会，知识已然成为提高企业竞争力的决定性因素，这就要求企业在发展过程中不断发挥人才的作用。人力资源成为推动经济、社会发展的战略性资源，因此任何一家追求卓越的企业，要想在市场竞争中得到持续发展，就必须重视人力资源。

培训作为人才资源管理过程中的一个重要环节，被越来越多的企业所重视。正如管理学大师松下幸之助所说："打败竞争对手最有效的手段就是比对手学得更快！培训很贵，但不培训更贵。"

人才是企业实现可持续发展的重要因素之一。在竞争日益激烈的当下，企业间的竞争归根结底是人才的竞争。人才是企业的第一资源，是推动科技进步和经济发展的重要因素。因此，加强员工培训，提高员工的效能，做好人力资源开发工作，是各大企业进行人力资源管理的重点环节。

本书从实用性的角度出发，从培训的意义、员工培训流程、建立内部培训体系等方面详细讲解了培训管理体系搭建、技术方法组合的实际应用，让读者全方位了解培训理论知识、管理体系架构的构建方法以及流程模板的制作方式。

培训管理涉及企业管理的方方面面，对企业的发展和壮大至关重要。笔者在撰写本书的过程中，没有泛泛地讲解培训管理的整个体系，而是针对培训管理中最常遇到的现实问题，从企业的培训需求分析出发，按照不同级别、不同岗位以及不同培训方式，详细叙述了企业应该如何开展培训工作，因此本书是一本关于培训方案设计和培训实施管理的实用工具书。

笔者在撰写本书过程中参考了大量专著和文献，在此向这些专著的作者、编者和出版社以及为这本书提出宝贵意见的领导、专家和朋友们致以衷心的感谢！

　　最后，受角度和专业经验的限制，本书难免存在不足之处，敬请各位读者批评并指正。

目　录

第一章　员工培训概述 ·· 1

　　第一节　员工培训的特点及原则 ······························· 1

　　第二节　员工培训的目的及作用 ······························· 5

　　第三节　员工培训中存在的问题及其发展趋势 ············ 9

　　第四节　企业内部培训体系建设 ····························· 15

第二章　人力资源管理与战略培训 ······························· 19

　　第一节　战略的人力资源管理与培训活动 ·················· 19

　　第二节　战略培训分析 ··· 23

　　第三节　培训战略的制定与培训概述 ······················ 33

第三章　基于人力资源管理视角的企业员工培训需求分析 ··· 39

　　第一节　培训需求分析的含义及作用 ······················ 39

　　第二节　企业员工培训需求分析的主要内容 ··············· 45

　　第三节　企业员工培训需求分析的流程及模型 ············ 54

第四章　企业传统培训方法 ··· 61

　　第一节　演示法 ·· 61

　　第二节　体验法 ·· 65

　　第三节　实地培训法 ··· 79

第五章　企业现代培训方法 ··· 85

　　第一节　多媒体培训 ··· 85

　　第二节　以计算机为基础的培训方法 ······················ 86

　　第三节　e- 学习在培训管理中的应用 ······················· 90

第六章　企业员工培训课程开发与实施 ·················· 97

　　第一节　企业员工培训课程的开发 ·················· 97

　　第二节　企业员工培训目标及计划的制定 ············· 114

　　第三节　企业员工培训实施的准备工作 ·············· 123

　　第四节　企业员工培训的实施 ···················· 133

第七章　企业员工培训效果评估 ····················· 141

　　第一节　培训效果评估的内涵、作用和内容 ············ 141

　　第二节　培训效果评估理论及主要模型 ·············· 146

　　第三节　企业培训效果评估流程及发展趋势 ············ 151

第八章　企业员工培训成果转化 ····················· 167

　　第一节　培训成果转化概述 ····················· 167

　　第二节　企业员工培训成果转化的影响因素 ············ 176

　　第三节　企业员工培训成果转化的路径 ·············· 182

第九章　企业培训管理者职业素养及职业发展 ············· 187

　　第一节　企业培训管理者的知识管理 ················ 187

　　第二节　企业培训管理者的职业素养 ················ 191

　　第三节　企业培训管理者的职业发展 ················ 197

参考文献 ································· 201

第一章　员工培训概述

第一节　员工培训的特点及原则

一、员工培训的特点

企业在职人员是员工培训的对象，培训活动属于继续教育的范畴。员工培训具有鲜明的特征。

（一）广泛性

广泛性是指上至企业决策层管理者，下至基层员工，无不需要培训，可见培训涉及范围之广。正如木桶理论所述，木桶的需水量是由最短板决定的。因此，企业的培训不应该是少数人的培训，而应是自上而下的全员培训。同时，员工的培训内容和培训方式也具有广泛性的特点。

（二）协调性

协调性是指在员工培训系统中，要求培训的各个环节、各个项目应协调，以便使培训正常进行。首先，要从企业经营战略出发，确定培训模式、培训内容以及培训对象；其次，应根据企业发展的规模、方向和速度，确定培训对象的总量与结构；最后，根据员工的培训人数，准确、合理地设计培训方案，确定培训的时间和地点。

（三）层次性

层次性是指企业可根据工作岗位的不同，将员工分为决策层、管理层、精英层、普通层等类别，然后根据员工不同类别的特点，制定相应的培训课程。也就是说，不同水平和不同需求的员工，所承担的工作任务不同，所需要的知识和技能也会有所不同。

（四）实用性

实用性是指要提高培训的投入产出比。理论上讲，员工培训是人力资源与财力资源投入的过程，也是价值增值的过程，培训效益可能是培训投入的数倍甚至更高。培训应该有产出和回报，即有助于提升公司的整体绩效。员工培训系统要发挥其功能，就需要培训成果转化成生产力，并能迅速促进企业竞争优势的发挥。

（五）长期性与速成性

培训是一项长期性的系统工程，需要持之以恒、坚持不懈。在日新月异的信息时代，员工必须不断学习，接受新的知识，因此企业在员工培训上应该坚持长期性原则。员工培训的主要目的是为企业创造效益，所以培训一般针对性较强、周期短，具有速成的特点。因此，企业在制订培训计划时，应将培训计划与员工的成长和职业生涯设计结合起来。

（六）实践性

实践性是指培训应根据员工生理、心理及其具有一定工作经验的特点，在培训方法上注重实践培训。针对实际工作，企业多采用启发式、讨论式、研究式以及案例式等培训方式，使员工培训达到预期效果。

二、员工培训的原则

（一）传统培训体系原则

1.培训的战略性原则

培训工作在企业发展中具有战略地位，是企业经营战略的体现。企业培训要服从或服务于企业的整体发展战略，其最终目的是实现企业的发展目标。

企业要以战略的眼光组织企业培训，而不能只局限于某一个培训项目或某一项培训需求。

2.培训目标与企业目标相统一的原则

培训的内容必须是员工个人需要和工作岗位需要的知识与技能，培训要以实现公司总体目标为宗旨，旨在提高企业的核心竞争能力、获利能力及获利水平。

3.培训的系统性原则

培训工作是一个系统性的大工程，它涉及企业发展的方方面面。

4. 培训的实用性原则

培训内容要符合公司培训的目的，在传播先进理念、传授专业知识的基础上，提高员工解决实际问题的能力。培训方案要符合成年人的学习规律，注重实践操作。培训内容和培训对象要有针对性，培训形式具有多样性和灵活性。

5. 学以致用的原则

企业组织员工培训的目的在于，通过培训让员工掌握必要的知识与技能，以完成规定的工作，最终为提高企业的经济效益服务。

因此，企业在确定培训项目时要把培训内容和培训后的应用衔接起来，只有这样培训效果才能在实际工作中得到体现，才能达到培训的目的。

6. 全员提高与重点培养相结合的原则

全员提高培训就是有计划、有步骤地对所有在职员工进行教育与培训，这样才能全面提高员工素质。

同时，在全员提高培训的基础上，企业还要强调重点培训。在全员培训的同时，重点培训那些对企业发展起关键作用的领导人才、管理人才和工作骨干，优先培训急需人才。

（二）现代培训体系原则

现代培训体系一般遵循以下八个原则，具体内容如下所述。

1. 坚持以公司发展战略为主的原则

培训要服从或服务于企业的整体发展战略，培训的最终目的是实现企业的发展目标。因此企业必须树立战略观念，并根据企业发展目标及战略制订培训计划，将培训与企业的长远发展紧密结合起来。

2. 坚持长期性的原则

员工培训需要企业投入大量的人力、物力、财力，这可能会给企业的当前工作造成一定的经济压力。企业要正确认识"智力"投资和人才开发的长期性与持续性，用"以人为本"的经营理念做好员工培训。企业不能急功近利，必须坚持培训的长期性和持续性。

3. 坚持全员参与的原则

要想使员工积极接受培训，使培训更有针对性，就要促使员工主动参与。事实证明，当培训对象积极参与培训活动时，更容易掌握讲授的知识与技能，并能开拓思维、转变观念。

4. 坚持知识技能培训与企业文化培训相结合的原则

培训的内容，除了文化知识、专业知识与专业技能外，还应包括理想、信念、价值观、道德观等方面的内容。而后者又要与企业目标、企业文化、企业制度、企业优良传统等结合起来，使员工在各方面的表现都能够符合企业的要求。

5. 坚持按需施教、务求实效的原则

在确定培训项目时，企业要把培训内容和培训后的应用衔接起来，根据公司改革与发展的需要和员工多样化的培训需求，分层次、分类别地开展内容丰富、形式灵活的培训，增强教育培训的针对性和实效性，从而做到务实的培训原则。

6. 坚持理论与实践相结合的原则

员工培训应当具有针对性，即从实际工作的需要出发，与职位特点紧密结合，与培训对象的年龄、知识结构、能力结构、思想状况紧密结合，通过培训让员工掌握必要的技能，以完成规定的工作。只有这样，培训才能收到实效，才能提高员工的工作效率。

7. 坚持严格考核和择优奖励的原则

严格考核是保证培训质量的必要措施，也是检验培训质量的重要手段。员工只有培训考核合格，才能被择优录用或提拔。

8. 坚持培训效果的反馈与强化原则

培训效果的反馈与强化，是培训活动过程中不可缺少的重要环节。培训效果的反馈指的是在培训后对员工进行检验，其作用在于巩固员工学习的技能，及时纠正错误和偏差。反馈的信息越及时、越准确，培训的效果就越好。

强化则是指基于反馈对接受培训人员进行的奖励或惩罚，其目的一方面是奖励接受培训并取得高绩效的人员，另一方面是加强其他员工的培训意识，使培训效果得到进一步强化。

第二节　员工培训的目的及作用

一、员工培训的目的

（一）总体目的

在现代社会中，人力资源的质量和数量是企业竞争成败的关键所在，这已成为管理理论界和企业界的共识。面对经济全球化的趋势，企业要想在激烈的竞争中脱颖而出，唯一的途径就是充分开发人力资源的潜力，而培训是人力资源开发的重中之重。

开展员工培训可以发挥以下几个方面的作用：①改善企业各级及各类员工的知识结构，提升员工的综合素质，提高员工的工作技能、工作态度和行为模式，从而更好地完成企业的各项工作计划与工作目标；②提升企业各级及各类员工职业素养与敬业精神，增强员工服务意识，提高服务水平，打造高绩效团队，减少工作失误，提升销售额，提高工作效率；③提升企业凝聚力、吸引力、向心力和战斗力，为企业进一步发展储备相关人才；④提高企业管理人员的管理意识、管理技能、管理能力与领导水平；⑤完善企业各项培训制度、培训流程，建立系统的培训体系，保证各项培训工作顺利、有效地实施。

（二）企业角度

人才的培训教育是人力资源获取高素质人才的原动力。人才是企业的第一资源，培训教育是对人才的一种投资。对人才要进行终身教育，企业、部门、单位要成为人才学习的组织，这已成为普遍共识。随着世界各国对人才培训、人力资源开发的投资不断加大，培训教育正日益法制化与制度化。

企业的发展是内因、外因共同作用的结果。一方面，企业要充分利用外部环境所给予的各种机会和条件，努力发展；另一方面，企业要通过自身的变革适应外部环境的变化。

企业是一种动态系统，作为企业主体的人也应当是动态的，即企业必须不断培训员工，才能让他们跟上时代的步伐，从而更好地适应技术及经济发展的需求。

培训是解决企业各种问题的有效措施。对于企业不断出现的各种问题，培训有时是最直接、最快速和最经济的解决方案，这比员工自己摸索快、比招聘有相同经验的新员工更值得信任。培训可使基层员工在工作中降低失误造成的损失，还能够提高管理人员的思想素质和管理水平，使之更新观念、改善知识结构、适应组织的变革和发展，提高企业高素质人才队伍的质量。培训的另一个重要目的是使具有不同价值观、信念、工作作风及习惯的人，按照时代及企业经营的要求，形成统一、和谐的工作集体，塑造企业文化，使员工的劳动生产率得到提高，从而提高企业的整体效益。

从企业角度来看，企业会为培训员工特别是培训特殊技能的员工提供优越的条件，所以企业一般不会随便解雇这些员工，而且为防止他们的离职给企业带来损失，还会千方百计地留住他们，这也是为了留住企业的优质人力资源。因此，培训是提升企业竞争力、增强企业凝聚力、提高企业战斗力的重要手段，是高回报的投资。

（三）员工角度

通过培训引导员工进入组织，熟悉和了解工作职责、工作环境和工作条件，并适应企业内部、外部环境的发展变化。现代企业对人力资源的总体素质提出了新的要求，要求人力资源具有竞争性、学习性、创新性、团队性等特征。从个体角度来看，员工要想满足现代企业人力资源的要求，就必须参加培训，接受继续教育。员工通过科学、合理的培训后，在知识、技能、效果和态度四个方面得到提高，为其进一步发展和担负更大的职责创造了条件，而且满足了员工自我成长的需要，提升了员工的个人价值。

培训能使员工获得新方法、新技术、新规则，从而提高员工的技能，并不断提高员工的工作质量、工作效率、个人能力与个人素质。

培训是人力资源管理者为公司培养人才、提升员工职业发展空间以及为公司打造人才梯形团队的重要手段。

企业通过培训活动能够提高员工的职业素质，增强员工的就业能力。现代社会职业的流动性使员工认识到充电的重要性。企业的培训活动能为员工提供获得高薪的机会，而员工的收入与其在工作中的劳动效率成正比，因此员工要想获得高薪，就要提高自身的工作技能。员工经过培训，素质、能力得到提高后，在工作中就会表现得更为出色，就更有可能受到企业的重用，因此员工也更愿意为企业服务。

企业组织员工培训的直接目的就是提升员工的职业能力，使其更好地胜任现在的日常工作及未来的工作任务。在能力培训方面，传统的培训重点一般放在基本技能与高级技能两个层次上，但是未来的工作则需要员工拥有更广博的知识，培养员工学会知识共享、创造性地运用知识来调整产品或服务的能力是企业培训的战略目标。

员工的发展和企业的发展是息息相关的。培训让员工更具竞争力，从而促进员工全面发展与企业可持续发展。未来的职场将是充满竞争的职场，随着人才机制的创新，每年都有大量新的人才加入竞争的队伍，每一个员工每时每刻都面临被淘汰的危险。面对竞争，员工要想避免被淘汰的命运，只有不断学习，而培训则是最好、最快的学习方式。

总之，培训可以让员工自强，可以让企业人力资源的血液不断更新，让企业永远保持旺盛的活力、永远具有竞争力，这就是企业进行培训的最大意义。

二、员工培训的作用

在激烈的市场竞争环境中，企业想要生存发展，就必须将人才、技术、信息、资源作为支撑，其中高素质的优秀人才对企业的发展起着不可估量的作用。为了给企业可持续发展提供人力资源支持，培训显得尤为重要。培训可使员工的知识、技能与态度得到明显改善，从而使企业提高效益、获得竞争优势。员工培训的作用，具体体现在以下几个方面。

（一）培训能提高员工的工作能力

培训是保证员工自身发展的动力，是企业获得发展动力的关键。

员工的培训包括技能培训和素质培训两种。其意义是为企业提供新的工作思路、知识、信息、技能，提高员工的综合能力和创新能力，从而提高企业的核心竞争力。培训使员工的工作能力得到提高，为员工取得良好的工作绩效提供了支持，也为员工提供了更多晋升和提高薪资水平的机会。

（二）培训有利于企业获得竞争优势

为了适应激烈的市场竞争，一方面，企业需要越来越多的复合型经营人才，为进军国际市场打好人才基础；另一方面，员工培训就是要不断培训与开发高素质的人才，从而提高企业研究和开发新产品的能力，以获得竞争优势。

尤其是人类社会已步入以知识经济资源和信息资源为重要依托的新时代，智力资本已成为企业获取生产力、竞争力和经济成就的关键因素。因此，企业的竞争除了依靠自然资源、廉价的劳动力、精良的机器和雄厚的财力之外，更要依靠知识密集型的智力资本，而员工培训是创造智力资本的途径。智力资本包括基本技能（完成本职工作的技术）、高级技能（如怎样运用科技与其他员工共享信息、了解客户和生产系统）以及自我激发的创造力。

这就要求企业树立一种新的适合未来发展与竞争的培训观念，提高企业所有员工的整体素质。

（三）培训有利于改善企业的工作质量

企业的工作质量包括生产过程质量、产品质量和客户服务质量等。毫无疑问，培训是提高员工素质、职业能力的有效手段。企业通过培训能够直接提高和改善企业的工作质量。员工的职业能力和职业价值通过员工的工作表现出来。倘若员工的工作效率低，那么无论员工的职业能力多高，其为企业发展所做的贡献始终是有限的。

因此，在员工培训的过程中，必须注意通过员工培训，使其工作质量得到保证并不断提高，这是员工培训发挥作用的关键。

（四）培训有利于高效工作绩效系统的构建

随着知识经济的不断发展，科学技术成为员工技能和工作角色变化的主因，企业需要对组织结构进行重新设计（如工作团队的建立）。今天的员工已不是简单接受工作任务、提供辅助性工作，而是直接参与提高产品与服务质量的活动。在团队工作系统中，员工扮演着许多具有管理性质的角色。他们除了要具备运用新技术获得提高客户服务与产品质量的信息并与其他员工共享信息的能力外，还需要具备人际交往能力、解决问题的能力、集体活动能力、沟通协调能力等，尤其是培训员工学习使用互联网、全球网及其他用于交流、收集信息工具的能力。只有这样，才能使企业工作绩效系统高效运转。

（五）培训可以满足员工实现自我价值的需求

在现代企业中，员工更重要的工作目的是满足"高级"需求——自我价值实现。培训能教给员工新的知识与技能，使其适应或接受具有挑战性的工作与任务，实现自我成长和自我价值，这不仅使员工得到物质上的满足，而且使员工获得精神上的成就感。

此外，培训还能够传播企业精神、企业文化，提升企业核心竞争力，增加员工凝聚力、归属感，从而实现企业的可持续发展。

培训的终极目的不是知识的传授，而是重构员工的认知模式，从而改变员工的行为。

第三节　员工培训中存在的问题及其发展趋势

一、员工培训中存在的问题

在企业竞争越来越多地表现为人力资本竞争的今天，加强人才队伍素质培训已成为我国企业应对国际化竞争的紧迫任务。近年来，为了应对全球化竞争的挑战，我国企业十分重视人员的能力素质培训，把抓好培训工作作为获取高素质人才和提高企业核心竞争力的最有效途径。当前，我国企业的员工培训取得了一定的成绩，许多企业已经逐渐意识到人才竞争的重要意义，它们开始主动地、不约而同地组织员工开展培训，并为员工培训提供多方面的切实保障，如我国企业界开始被动或主动地更新原有培训观念，培训体系也开始建立。然而，我国企业的员工培训还存在着大量的问题，这些问题严重影响着企业的发展，需要尽快解决。

（一）企业观念陈旧，对培训重视不够

一些制度相对完善的大型企业，培训工作做得还是不错的，它们会定期制订相应的培训计划并严格实施，效果甚佳，值得肯定。然而，许多中小企业各项制度还不够完善，在人力资源管理上还处于传统的人事管理阶段，观念陈旧，没有很好地理解现今时代发展中人力资源管理的含义，很多企业把培训当成"治病"，而不是"强身"。一些企业经营者只有在生产经营出现问题时才发现人员素质与设备技术需求或市场需求不匹配，于是临时抱佛脚，将培训变成一种盲目的救火式、应急式工作。重形式、不重实质的企业大量存在。一些企业领导将培训当作一种"企业在不断追求进步"的形象宣传，只是做给员工或外界人士看，培训形式过于简单，没有建立严格的考评制度。还有些企业管理者错误地认为培训是一

种成本，现在高校每年毕业生很多，人才市场供过于求，想用人完全可以到市场招聘，没有必要花钱搞培训，特别是一旦企业经济效益不太好时，就以资金不足为由尽量减少培训或者干脆不培训。这样的企业故步自封，使得企业满足不了员工想要提升自己的欲望，导致员工流失严重。这一现象造成企业人才的断层或流失，给企业带来巨大的损失，甚至使其倒闭。

（二）没有建立完善的培训管理体系

1. 忽视员工的培训需求分析

大多数企业在培训之前没有进行员工需求分析，不了解企业员工需要提高的是什么，企业如何才能更好地发展。培训需求分析是整个培训系统设计的首要环节，是现代培训的出发点和归宿点，有时候培训需求分析甚至决定着培训的结果。培训需求分析不科学，导致企业的培训没有针对性，不知道要培训什么、培训重点是什么。培训没有骨架，难免造成培训过程的混乱，导致受训者积极性和热情下降，使其以后不愿再参加培训，认为培训是浪费时间。员工未感觉到所培训的内容对于实际工作有什么作用，企业得不到任何收益，反而因为培训浪费了时间和金钱。

2. 培训内容和培训方式选择不科学

培训的主要目的是提高员工的整体素质。然而，目前许多企业的培训更多的是理论培训，综合能力和职业技能培训很少，实用性弱。由于培训理论性很强，缺乏实践指导，员工听的时候有很深的体会，感觉受益匪浅，可在实践中不知道该如何应用，从而造成企业培训效果不明显，投资失败，资源浪费。现代企业培训的方法有讲授法、视听技术法、讨论法、案例研究法、工作轮换法、角色扮演法、个别指导法等，培训方式也越来越多样化。但实际中，大部分企业仍使用单一的传统培训方式，即课堂讲授，空洞乏味，实践指导性差，受训者容易失去学习兴趣，培训效果不佳。

3. 培训效果评估与反馈缺乏

对培训效果进行评价反馈是一种监督策略，能激励员工好好进行培训。而且评价反馈的信息对以后培训有着很好的借鉴作用，可反映出培训需要改进的地方，比如培训重点、方式的选择，进而有效达到培训的目的。但是一般培训过程中没有严格的考评制度，培训一旦开始就很少有人过问，培训对象便有机会躲避培训，使培训变成了休假。此外，缺乏完善的评估机制，评估仅仅停留在培训过后的一个简单考试或者培训合格证书上，而不去考察在实际工作中的效果如何。培训结束后缺少必要的反馈，不重视员工对于培训的意见和建议，对于培训的实际效果把握不足，不能使企业的培训工作更具目的性和实用性。有些企业虽然有评估和反馈环节，但实施不够科学，一般以汇报或者考试的形式进行，严重脱离实际工作，培训监督不健全，也很难获得良好的培训效果，很难保证培训质量。

（三）培训师资力量薄弱

企业师资队伍素质普遍不高，与培养新型实用人才的要求有较大的差距。企业培训教师平时大多忙于应付繁重的教育培训，很少有继续教育的机会，本身的知识更新、业务进修和技能培训不足，自身素质亟待提高。部分企业为了降低培训开支，请一些学历层次和职称结构与规定的要求相差甚远的教师，从而影响培训的整体效果。同时，由于师资力量不足，一些培训教师往往由企业的技术管理人员兼任，他们往往没有经过系统的师范培训，缺乏必要的教育理论知识和授课技巧，不能按教师的职业特点修炼出能使企业员工以其为榜样的品格个性，不注重自身形象的塑造，教学仅凭自己的理解现学现教、现炒现卖，从而影响到授课效果和教学质量。

（四）员工对培训存在误解，态度不端正

员工对培训的意义认识不够全面，甚至存在误区，尤其是基层员工，他们参与培训的积极性不高，热情不够，培训时缺课严重。其原因是员工认为企业的培训只是一种形式、是一种表面性的东西，与工作联系并不紧密，高傲地认为自己的能力没问题，没看到自身与先进员工的差距，被动地进行学习，培训态度不端正，学习不认真，效果欠佳。员工没有真正地融入培训中，技能很难有所提高，而员工原有的业务技能又难以适应企业经营发展的需要，最后导致企业蒙受损失。

（五）企业缺乏有效的激励机制

知识经济时代的企业要想繁荣起来，就必须提高员工的工作能力，而培训正是提高这种能力的主要途径。大量企业未能建立良好的激励机制，缺乏科学合理的培训评价体系，难以对员工的培训效果进行合理评价。一方面，对企业领导者

的激励比较缺乏。如果领导者提高了企业的市场占有率、股票市值、利润效益、固定资产等，企业领导者就应该得到实质性的考核和相应的激励。而企业领导人对培训的重视程度，社会没有舆论激励，政府没有明文考核、奖励，企业也没有制度规范和奖惩制度，没有相应的激励，造成领导人对企业培训意识的减退。另一方面，对员工参与培训的激励不足。员工参加培训，与员工的晋升和奖酬都没有直接挂钩，造成员工缺乏参与培训的动力，导致培训效果不佳。有些企业甚至把员工培训班当成是"惩罚班"，让那些年老体弱的员工和那些懒散无能、不求上进的员工去学习，多数企业为培训而培训，不对培训后的员工技能改进情况进行分析研究，不去关注培训中存在的问题，从而难以提高培训的实效，阻碍了员工的正常培训。

二、员工培训的发展趋势

随着技术和理念的不断发展，国内外的一些大型企业的员工培训和教育出现了一些新趋势，中小型公司可以根据本公司的具体情况进行一定程度的借鉴。员工培训的发展趋势主要表现在以下几个方面。

（一）企业借助培训和教育的功能，使企业成为"学习型企业"

成功的企业将培训和教育作为企业不断获得效益的源泉。"学习型企业"的最大特点是：崇尚知识和技能，倡导理性思维和合作精神，鼓励劳资双方通过素质的提高来确保企业的不断发展。这种学习型的企业与一般的企业的最大区别就是：永不满足地提高产品和服务的质量，通过不断学习进取和创新来提高效率。"学习型企业"的提出，反映了社会的需求和趋势，将给企业员工的教育和培训带来革命性的变化，其意义是十分深远的。

（二）企业员工培训方式越来越灵活多样，呈现高科技和高投入趋势

传统的培训方式主要是课堂教学、车间实习、师傅带徒弟等方式；然而现代企业采用了更加灵活多样的方式，引入了多种手段进行员工培训，如视频教学、模拟演练、研修讨论、工作轮换、基层实习、互联网培训、情景模拟、行为模拟等，使培训更生动、更有效果。另外，利用高科技丰富培训手段和提高培训质量，是近年来国际上兴起的企业培训的潮流，特别是电脑多媒体技术被广泛地用于企业培训工作，如运用光盘进行人机对话、自我辅导培训、利用终端技术互联网进

行规模巨大的远距离培训等,都使培训和教育方式产生了质的变化。这种技术创新使员工获得新知识和新技术的速度大大加快,使企业可以迅速适应市场的快速变化。

(三)企业培训逐步走向社会化

培训由一个企业内部用来提高员工素质的单一部门逐步走出大门跨向社会。这是因为现代企业的许多要素,如管理、经营、销售,乃至文化理念,都有许多相通之处,这就为培训的社会化创造了基本条件。同时,现代社会的分工和信息交流的畅通,使培训能以社会化的形式出现,通过培训产品的组合来满足各方面的需求。在我国,现在越来越多的企业与学校进行合作培训,如与技工学校、职业培训中心或高等学校签订培训承包协议,让员工进学校或学校派教师送教上门培训各类员工,其内容可以是一般知识性培训,也可以是针对特殊需要的专门培训。还有各种各样的成人教育,如夜大、广播电视大学、函授、刊授等,常被作为员工培训的手段;也有为了培养某类专门人才,企业选派员工到高等学校做定向的正规学制深造的形式。

(四)企业培训向深层次、全员培训方向发展

许多企业已将员工的培训向各个领域渗透,其内涵已远远超过培训本身。比如,一些企业除了员工知识和技能的培训,还通过一定的形式向培训企业文化、团队精神、劳资关系等方向发展,使企业行为进入更深层次的领域,这是一个具有重要战略意义的发展趋势。企业培训的对象已从以生产工人为主发展为全员培训,由员工培训发展到相关人员培训。以前,我国企业培训主要针对生产工人,当时有学徒制度、企业技术训练班、员工夜校等;现在,我国吸收和引进了国外全员培训和终身教育、继续教育的观念,逐步形成了包括工人岗位培训、班组长培训、专业技术人员继续教育、管理人员培训在内的比较完整的培训体系。近年来,培训对象还从企业员工扩大到企业相关人员,如顾客、合作厂商工作人员等。一些高科技产业公司通过培训自己的客户使自己的产品充分展示其效能与优势。

(五)培训质量成为培训的生命

首先,培训者要认清员工培训的特点,在员工的需求和企业的需求之间寻找最佳结合点。其次,培训要有一个科学和规范的组织程序和操作程序,在时间和

空间上最大限度地贴近企业管理和业务的实际，用最佳方法帮助员工获得知识和技能。最后，追求效益的最佳化和成本的合理化。追求企业培训的效益，检验培训质量的高低，可以通过效果评估追踪员工经过培训后在工作岗位上的表现，特别是产品质量或服务水平最能反映培训效果，为此要遵循需求调查—培训实施—效果评估的运作程序，以此来保证培训效果。

（六）员工的培训工作成为企业重要的发展战略

企业发展战略中无论是产品开发战略、产业发展战略、技术创新战略还是组织结构战略，离开了相应的人力资源开发战略的支撑都是不可能建立和实施的。欲使企业整体上升到一个新的水平，具备能同国内外一流企业抗衡的竞争力，没有更高素质的员工队伍做保证，是根本不可能的。因而企业在制定发展战略时，必须把员工培训放在突出的位置，使之成为企业发展战略的重要组成部分。这样，员工培训就必须同生产、营销、设计、开发等经营工作同等看待，同样舍得投入人力、物力、财力，甚至应该视员工培训比其他经营工作更为重要。员工培训必须由企业最高层领导直接管理，必须实现员工培训工作与员工的招聘与选拔、员工的升降去留等工作一体化。培训教师和培训管理人员则必须经过严格挑选，使其在业务、技能、知识、经验和心理品质等方面是企业全体员工中的佼佼者，这样优秀的培训者所享受的待遇就必须大大高于普通员工和一般管理人员。培训内容的设置则要依据员工职业发展需要和企业经营战略，重视技能和观念培训。培训管理机制要体现培训工作的特殊性，不能直接套用企业生产经营部门的管理办法。只有达到以上要求，才能充分保证员工培训的效果。员工培训若与员工的使用相脱节，"培非所用"或"用非所培"，不研究和突出培训工作自身的特殊性，培训工作者缺乏专业训练，其直接的后果是使培训的信度和效度大打折扣，降低培训应有的效益；而最终的后果则会使企业人力资源战略甚至使企业整个发展战略受到严重干扰，得不到有效实施。

（七）员工培训成为对员工的内在激励的重要方式

现代企业在坚持传统的外在性激励的同时，更为注重对员工进行内在性激励，这也是西方国家创新能力越来越强的重要原因之一。通过员工培训促进员工全面发展和个性完善，提升员工的从业本领和个人人格，可以有效地克服当前我国众多企业在激励中过于单一地运用物质性激励而导致激励效应每况愈下的弊端，可以引导广大员工摆脱对物质需要的片面追求，转而向往较高层次的"工作生活质量"，这样将会有利于建设一支高素质的员工队伍，也有利于培养一流的企业文化，树立良好的企业形象，增强企业整体竞争力和发展后劲。精心设计的培训，如西方国家及我国少数同国外培训机制接轨的培训机构流行的"外展培训""挖掘冰山"和"个人设计"培训，还可以帮助受训人员重新认识自我，看到其发展潜力，从而增强其成就新的事业的信心。这种培训所体现出来的新奇性、开发性，常给人一种豁然进入一片新天地的感觉，受训者从中所受到的启迪是其他任何方式的学习所不能达到的，这种培训本身对受训者来说就是一种很好的高层次的激励。

第四节　企业内部培训体系建设

一、培训体系建设的疑难问题和重要措施

人才的培训和开发，是企业人力资源管理的核心。要想高效地开展企业人才的培训和开发，就必须建立完善的企业培训体系。

在建设企业培训体系的过程中，常常会面临以下几大难题。

①难以实现培训课程设计同企业发展战略和人才发展的衔接。

②难以确定培训需求与企业在发展中遇到的问题的本质。

③培训投入与产出难以量化。

④内部专业培训师队伍建设的缺失。

⑤培训评价与培训反馈难以落实。

针对以上问题可以采取以下重要措施。

①提高培训的针对性。

②调动员工的培训积极性。

③探索适应企业发展的培训模式，使培训方案适应企业发展需求。

④建立与企业战略目标无缝衔接、完美匹配的内部培训师体系。

⑤及时收集反馈信息，做好培训对象对培训项目意见的调查收集。

二、内部培训体系建设构成要素

（一）培训制度

培训制度的作用在于规范企业的培训活动，保证培训工作顺利进行。其主要内容应当包括培训管理办法、培训计划、相关的表单、工作流程、培训评估办法及内部培训师制度等几个部分。其中，培训管理办法应充分体现培训的过程及培训结果评估，并与员工的绩效考核相结合；内部培训师制度应体现选拔和激励内部培训师的精神，起到管理内部培训师、规范内部培训师授课行为的作用。

1. 完善相关培训管理制度

修订和完善企业管理培训的实施办法，明确企业、部门、个人培训的权利和义务，使培训真正成为各单位和各类员工必须完成的硬指标和任务，确保各级管理者的培训工作有法可依、有章可循、依法实施、落到实处。

2. 加强培训管理者基础性工作的建设

首先，要着重研究并建立各级及各类管理者素质的标准体系，对不同层级管理者的素质要求要做到具体化、规范化、科学化。其次，要确立科学的培训工作标准。最后，做好管理者培训需求的调查工作，针对不同需求制定长期、中期、短期的培训目标。

3. 创新培训工作机制

首先，要完善管理层岗位任职资格制度。按照不同职级规定相匹配的知识水准，强制要求管理者在任期内必须达标，后备管理者不获得任职资格不得提拔任用。其次，要使管理层培训和管理层选任、监督与综合管理等工作衔接互动。做到学用结合，择优而用。对通过公开选拔等方式产生的新任领导者进行岗位知识培训，让其早日适应岗位要求。最后，要健全员工在职自学制度，对于在业余时间参加培训学习的员工，企业应当对员工在职自学给予指导，并提供必要的条件，对优秀者给予奖励。

（二）培训课程与内容

1. 培训课程

通常，培训课程开发的形式有自主式开发、合作式开发和外包式开发。其中，合作式开发的形式采用较多；自主式开发对培训人员专业要求很高，不仅需要多

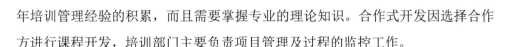

年培训管理经验的积累，而且需要掌握专业的理论知识。合作式开发因选择合作方进行课程开发，培训部门主要负责项目管理及过程的监控工作。

在课程开发过程中，企业人力资源部门的培训管理者应把控关键点，它对项目成果及培训效果起到至关重要的作用。

2. 培训内容

针对新员工，培训首先要从信念、价值观和目标规划方面进行思想教育，纠正他们错误的就业观念和职业理念。只有在正确观念的引导下，新员工才愿意配合企业，才能认同企业。

新员工培训采用教育引导的方式。人到了一个陌生的环境就会感到恐惧，企业要从企业理念、企业价值观、企业文化等方面对新员工进行教育引导，消除新员工对企业的陌生感。同时，企业要主动关心新员工的工作与生活，增强员工对企业的归属感和认同感。

其次，给新员工讲述企业产品的市场潜力，让他们感觉自己所处的是一个有前景、有未来的企业，而自己销售的产品是有生命力的产品。当新员工了解企业的具体情况后，就能够明确他们的岗位职责，了解企业的相关制度。

其中，新员工急需了解的是如何开展自己的工作。这时候企业需要有针对性地明确企业可以为他们提供哪些支持，帮助他们了解企业文化和业务，为他们提供其本职工作的业务技能及行业知识的基本信息。此外，企业还要帮助新员工快速适应企业文化，使其尽早熟悉业务，并且快速在岗位上找到自身价值。

（三）培训师

在现有的人才环境下，企业培训师队伍的建设已经成为势在必行的一项任务。合理构建培训师队伍，能够有效地改善企业的内部管理，有利于企业员工能力的提升，促进企业更好地发展。

组建内部培训师队伍，需要经过以下几个步骤。

1. 挑选有潜质、有能力的报名人员作为重点培养对象

内部培训师最重要的职责是促进企业培训与发展，因此其必须具备丰富的专业知识、开放的沟通心态、较强的语言表达能力、良好的职业素养、好为人师的热情。

2. 对企业内的培训师进行专业培训

为提高内部培训师的培训授课技能，企业可邀请专业培训师对他们进行有效的训练（主要针对心理压力、授课技巧、礼仪体态、课堂气氛掌控等方面），使内部培训师充分认识到自己在授课方面存在的问题，从而得到比较全面的纠正、指导和训练。同时，企业还可以选派公司内部培训师到国外学习先进的培训方法、科技前沿技术，跟踪本行业技术发展方向，大力培养有创新意识、能力强、素质高、职业操守好的"多面手"培训师。此外，企业可通过吸引和鼓励经营管理人员、工程技术人员和有特殊技能的人员担任兼职培训师，逐步建立一支稳定的内部培训师队伍。

3. 建立健全培训师制度

企业要从内部培训师的任职资格、职责权限、待遇、考核等方面，对内部培训师的选拔、任用、薪酬、福利等方面进行规定。

4. 鼓励内部培训师参加培训师职业资格认证

企业内部应广泛宣传，部门积极推荐，使员工踊跃参加培训师职业资格认证。鼓励企业中高层管理人员、业务主管和部分学有所长、好为人师的岗位明星、业务能手报名参加企业培训师选拔活动。

第二章　人力资源管理与战略培训

第一节　战略的人力资源管理与培训活动

战略是企业评价、获取和保持竞争优势的过程。我们在对竞争优势的认识中已经有了许多重要的发现，如对成本优势、差异化优势和集中化优势的认识等。这些研究中，以波特的理论最有影响力，而成本领先和产品（服务）分化是很多企业专注的两大获得竞争优势的方式。波特将技术开发、企业基础、客户服务和人力资源管理都列为第二或者辅助支持角色。这一理论对人们正确认识人力资源管理活动具有的价值形成了障碍。今天的企业，必须对竞争做出迅速反应，但是成本领先和产品分化都难以获得长久的竞争优势，甚至可以说，人们认识到的优势中，任何优势似乎都只能使企业与竞争对手打个平手，直到人们认识到了人力资源管理这一新的竞争优势。

当然，在不同历史阶段的企业管理中，人们在竞争优势方面关注的重点像走马灯一样在变化。例如，在 20 世纪 60 年代，企业管理的核心是生产环节；在 20 世纪 70 年代，对市场的关注是核心；在 20 世纪 80 年代，对资产运营的关注是重点；20 世纪 90 年代后，竞争力的关键是人力资源。人们越来越认识到人力资源是企业中竞争优势的最大来源，或者说是最持久的来源。人力资源管理也是最能体现管理差异性的方面。

一、战略的人力资源管理

（一）认识过程

对人力资源管理的战略性的认识经历了一个过程，人们最初的认识并不恰当，或者存在误区。对人力资源管理战略性的认识经历了从普遍适用性视角到权变视角，又从构造性视角到以资源为基础的视角的变化。现在，人们对战略人力资源管理的认识已经比较成熟和科学了。

最早的对人力资源管理战略性的认识也是最朴实和最简单的，并不恰当或者存在误区。我们将这种观点总结为普遍适用性的战略人力资源管理。这种观点认为，不管企业实行什么战略，都存在一种最好的人力资源管理系统，这种系统明显比其他系统优越，只要采用这样的系统，企业就能取得提高绩效的结果。也就是说，不同类型企业的组织绩效与某些人力资源管理实践之间存在着所谓的普遍适用的正向线性关系。我们应该做的就是发现哪些人力资源管理实践是对组织绩效有明显影响的，即寻找"最佳人力资源管理实践"或者建立"高效绩效工作系统"。

有许多专家对哪些人力资源管理实践是最佳实践进行了实证研究，比较知名的研究有普费弗等对多家企业的调查，这些调查发现的最佳实践是由参与管理、授权、激励薪酬、员工安全感、内部晋升、正规培训、开发计划等16项人力资源管理实践构成高效管理系统。这些研究所发现的最佳实践比较趋同，大致都是一些人性化的、带有激励和关怀性质的实践活动。尽管这些研究所指出的这些实践是一种简单的罗列，但是对某些企业了解领先企业或者优秀企业中哪些人力资源管理实践能产生竞争优势给了一个照相式的总结，对那些渴望改善自己的人力资源管理实践的企业具有一定的参考价值。

现在的问题是，是否想跟随这些最佳实践的企业就能获得与优秀企业一样的效果？回答常常是令人沮丧的，而这恰恰是作为竞争优势来源的人力资源管理不同于其他管理的地方。人们发现人力资源管理实践是很难模仿和进行简单移植的。问题究竟出在什么地方？有两种新的视角试图解决这一问题，一种是权变视角，另一种是构造视角。

权变视角认为，企业采用什么人力资源管理实践或什么人力资源管理系统，应该根据企业采用的战略而有所变化，即应该与战略契合。否则，不仅可能对绩效没有正影响，反而可能产生负影响。这种权变应该从多重角度来理解，一方面，可以将组织战略变成一项关键的权变变量，组织战略不同会影响人力资源管理实践的选择。因此，有了许多以传统战略管理研究的成果为基础，进行不同战略条件下，企业人力资源管理的侧重点的选择的研究，这包括以波特的战略分类为基础进行的人力资源管理的各个方面应该如何与不同的战略（成本领先、差异化、集中化等）配合，如战略招聘、战略筛选、战略培训、战略薪酬、战略绩效管理、战略安全健康管理等。另一方面，可以以企业发展的阶段为基础，进行不同发展阶段战略人力资源管理选择的研究，如初始阶段、职能发育阶段、控制阶段、功能整合阶段和战略整合阶段人力资源管理应该有所差异。此外，还出现了许多以不同的企业规模、不同的行业为权变因素而进行的差异研究。

构造视角与权变视角类似，不过它试图解释的是不同人力资源管理对象的人力资源管理问题。它认为将所有雇员看成同质的且为一种人力资源管理系统所管理是不正确的，对不同劳动力进行的管理应该是不同的。这一视角最常见的是将员工划分为三种类型，有一种形象的比喻，将这三种类型的员工看成是三叶草的不同叶片，这三个叶片分别是核心员工、边缘员工和临时员工。

迄今为止，对战略人力资源管理做了最佳说明的是以战略管理研究中的基于资源的观点为基础建立的战略人力资源管理视角。基于资源的观点的核心观点是企业的资源（也包括能力）是异质的，在相同行业中不同企业的组织绩效之所以存在差异，是因为它们所依赖的资源是有差异的。在"战略既定而需要重新组织资源"和"资源既定而需要重新组织战略"两种情况下，前者更容易。因此，这种观点重视对资源的认知和判断，而企业战略就是企业应该去获得一种不易被模仿的、特殊的资源以获取持续竞争优势。在各种资源中最具备这种特征的资源就是人力资源，因为人力资源和对人力资源的管理正是一种特殊的竞争优势来源。

（二）作为竞争优势来源的人力资源管理

无论是低成本战略、差异化战略还是集中化战略，或者是其他战略，人力资源都是重要的竞争优势来源。人力资源管理作为一种竞争优势与其他竞争优势的不同在于它是通过人，即通过组织中的人力资源来获得低成本、差异化和集中化的。

第一，人力资源管理作为竞争优势，具有可持续性、不易被模仿性。人力资源管理竞争优势是一种"弱"优势，是一种机制上的优势，创造起来很难，需要时间，但是一旦成功就会固化在组织中。人力资源管理还可以派生出其他优势，如可以转化为企业文化。人力资源管理优势还可以转移，当企业进入新的领域时，其人力资源的优势仍然可以发扬光大。人力资源管理依赖于组织的独特背景，其作用机制有很强的路径依赖；其作用过程复杂，需要与其他管理系统进行协同；其作用过程有很强的针对性，需要通过整个组织来实现，不容易被模仿，也不会因为某个人的流失而失去。

第二，人力资源管理与战略的分析、制定和实施是分不开的。人力资源管理主要是通过对员工的 KSAIBs（知识、技能、能力、中介变量、行为）的改变实现对组织绩效的贡献的，而这恰恰是通过培训来实现的。

第三，人力资源管理是企业多利益集团的关系焦点，人力资源管理对利益分配和产权关系的处理能协调不同利益集团的需求。

第四，人力资源管理具有全球化导向作用，通过跨文化管理增加灵活性、多样化和本土化联系。

应该说，人力资源管理并没有创造什么新的竞争优势，只是人力资源管理实现竞争优势的方法和途径比较独特。它主要是通过人来实现成本领先，或者产品（服务）创新，而不是直接将精力放在成本领先或者产品创新上。人力资源管理通过人来实现波特的两大竞争优势，所谓通过人，实际上就是通过改变人身上所具备的 KSAIBs 来实现成本领先和产品创新。

二、战略的培训活动

20 世纪 90 年代后，企业竞争优势越来越来自员工身上所体现的 KSAIBs。过去人们认为制造业是不需要太多培训活动的，现在以摩托罗拉、丰田等以技术为中心的制造业已经证明了要成为行业的领袖，必须对员工进行积极而全面的培训与开发，中国的海尔集团也在这方面提供了值得借鉴的经验。服务业则由于越来越依赖员工的服务质量而对服务一线的员工培训日益关注，而所谓"顾客第一"作为广告是有价值的宣传口号，真正能做到"顾客第一"的企业，首先做到的是"雇员第一"，否则，雇员的不满意会"投射"到顾客身上，从而带来顾客的不满意。至于那些以创新为本的高新技术产业，对人员的培训与开发的重要意义更是不言而喻的。

客户越来越根据人的表现而不是产品的表现来进行选择，因此人力资源管理成为差异的主要来源。而人力资源管理中直接加工和作用于 KSAIBs 的活动就是培训。

培训可以说具有双重功能，一方面是其营利性功能。通过培训与开发程序可以完成传播职责任务的工作，提高管理者的人际技能，提升领导才能，减少雇主（管理者）—员工冲突，减少员工与顾客和客户的冲突，为员工创造更大的发展空间，所有这些都极大地增强了企业的赢利能力。另一方面，培训还有很强的非营利性功能。通过培训活动可以传播公司政策和惯例，还可以创造公司文化，创造遵守国家的政策、法律与法规的形象，给员工带来更高的工作满意度和自我管理能力。培训经常被管理高层当成是抵御环境复杂性和市场竞争的工具，在技术进步、竞争激化时，雇主就会增加对培训的投入。实际上，他们希望通过培训传播他们希望的管理理念和思想，为企业的变革做好准备。具有战略思维的企业更重视的是培训的非营利功能。

培训的功能，无论是营利性的还是非营利性的，都是其他管理活动无法替代的。因此，即使已经有了战略的人力资源管理活动，我们仍然需要战略的培训活动。

第二节　战略培训分析

战略培训在战略形成中的作用就是要让决策者认清培训的现实状况与理想状况之间的差距，认识这些差距是制定培训战略并将培训活动与企业战略结合起来的第一步。培训者或培训经理要对战略性管理进行广泛的理论上的理解，总揽战略的形成，理解不同的备选方案之间的区别。培训经理应采取超前的方法，为战略形成提出意见，考虑从培训上供应领先能力的可能性。培训选择清晰的战略，用超前的方式，而不是事后方式，并使其成为更广泛的人力资源管理的一部分。

首先，应该识别内部和外部环境的变化。然后，确定需要采取行动去解决的培训问题，企业在培训方面表现出什么弱点，还存在什么漏洞。最后，选出对企业战略形成最为重要的问题，考虑如何从这些方面去获取竞争优势，或者保持这种优势。

一、环境评价

有两种进行环境评价的基本方法，一种是从现在出发去看未来，另一种是假定未来会怎么样，从而反观现在应该进行什么变革。第一种是对日益增加的变化的分析，第二种是对可能的未来的分析，两种分析方法都希望找到差距所在。当然，第一种是从现在所处的状况看应该发生什么变化去实现未来的理想，从中寻找差距；第二种则是将未来的情景与现状进行比较，找出差距所在。在进行环境评价的过程中，企业既要掌握自己内部的情况，也要注意竞争对手的情况，更要注意整个商业环境的情况，从而识别出必须注意的问题的动向和状态。

环境评价是战略管理中的一个关键步骤，因为它能提供来自外部的信息和新的思想。竞争战略必须以外部变化为依据，而不是以对威胁和机遇的想象为依据。波特认为，制定竞争战略的基础是将企业与其环境联系起来，特定企业的最佳战略从根本上来说就是一种反映其特定环境的独特结构。战略培训也应该在这一起点上展开分析。

（一）现状分析

这是个搜集事实的过程。数据应该围绕现状来搜集，而且现状指标应该是一个重点，因为现状是一种重复和累积的情况的表现。从问题中可以发现机遇，从差距中可以发现一个企业可能达成或者增强竞争优势的途径。在搜集企业内部数据时，经常使用的一个分析框架是 SWOT，即优势、劣势、机会与威胁分析。

在进行调查时，应该更多地从优势来分析，还是应该从劣势去分析，或者应该客观地从双方进行分析，不同的学者的看法是不同的。作为一种组织开发的诊断，在一定程度上似乎应该以揭示问题为主。但是，从这样的角度看问题，可能出现一种倾向，即在调查过程中，使调查成为揭疮疤的过程，成为管理者或者员工抱怨的发泄筒，这对士气将产生不好的作用。因此，有的学者主张进行一种赞赏性的调查。这种调查侧重于考察组织的强项和优势，通过看一个组织在哪些方面做得好来制定新的战略，期望新的战略将这些强项和优势发展壮大，进一步将这些强项做强。其中一个隐含的假设是，实际上没有企业是不存在问题的，而且往往存在的问题又大多数是很难解决的，所以不如我们不去揭这些疮疤更好。我们认为，这种视角是很独特的，的确有必要在搜集相关信息时对强项和弱项有所侧重，而这应该与不同的战略转变目的（扭转战略方向或者使过去的战略更完善）、不同的战略主体（例如临危受命的新上任的首席执行官或者处于发展高潮的首席执行官）、不同的战略转变时期（竞争激烈程度）相结合。

总体的内部环境包括研究、制造、市场与营销、人力资源等多个影响组织绩效的方面。当然，对战略培训来说，应该关注的主要是培训这一功能。内部环境也可以从流程的方面来分析，这包括涉及不同功能或单位的联合行动和决定，例如资源分配、制订规划、管理能力开发和客户服务等。对培训流程来说，这一点是很重要的，因为培训的决策总是涉及不同的单位，需要这些部门的联合行动。

管理者应该重点从那些能够反映培训和管理水平及内涵的数据入手，这些数据实际上也是人力资源管理与开发平时就应该注意的数据，而且常常是人力资源管理中绩效考核指标。通过搜集和观察这些指标可以确定潜在的人力资源问题。常见的数据包括生产率、服务质量、技能和能力的要求及差距、接班需求、人员利用率、培训开发成本、人员流失率、岗位流动率、员工态度、满意度和积极性等。有的数据是平时就有的，有的数据可能需要专门调查，如有的企业就定期展开员工满意度调查。企业也可以与相关方面（员工、顾客、供应商、销售商等）进行面谈或者组织小组讨论的形式搜集数据。对与外界交往密切、需要工作态度和服务质量的企业，管理者还应该了解供应商、销售商、顾客的看法。

（二）外部扫描

外部扫描是数据搜集的一个重要方面。对环境的了解，对于管理者来说是一个挑战。管理者在制定培训战略时，应该考虑将组织的能力与环境相匹配。对外部进行扫描主要是为了识别那些能够导致预期的培训变化的问题，搜集与研究那些能够预测未来趋势和变化的数据，也就是先行指标。许多指标都可以成为先行指标，如利润指标、产品（服务）需求指标、产品（服务）结构和规模指标、财务指标、利率指标等。例如，对生产羽绒服的厂商来说，气候就是一个可资利用的先行指标；对培训来说，人口结构的变动就是一个可资利用的先行指标等。

在进行外部扫描时，一个经常使用的分析框架是 PEST，即政治、经济、社会和技术的变化趋势。当然，PEST 只是一个概括，细致的外部扫描还应该包括法律、人口、文化等方面。这些因素是许多企业忽视的，但是如果能准确地看到这些先行指标变化的影响，对企业来说是很值得庆幸的。松下公司在 1988 年成功地预测到在五年后将出现日元升值的情况，从而及时地将制造基地转移到东南亚和中国。当然，为了实现这种转移，公司需要在培训方面做出准备，如培训具有国际适应能力的管理者。

特别值得指出的是，外部环境的扫描并不仅仅对制定培训战略有意义，它在培训需求的评估方面具有更重要的应用价值。外界环境的每一种变化实际上都应该对应一种对不同层次员工的培训需求，而这种培训需求常常是员工自己没有意识到的。因此，外界变化带来的培训需求常常应该以强制的方式进行。例如，新的法律的实施、中国加入 WTO、公司准备通过 SA8000 认证等，都是环境变化带来的，而这些变化都同时对培训提出了要求。

PEST 分析是一个比较复杂的系统，除了考虑单个因素外，还需要考虑各个因素之间的关系。

1. 经济增长

中国一直将依赖低廉的劳动力成本作为在国际上竞争的主要法宝，取得了举世瞩目的成就，现在已经成长为欧洲、北美和日本之外的第四大经济力量。但是，现在中国也面临着来自许多其他发展中国家的低成本竞争，来自劳动者的诉求、高标准的环境要求和对公司社会责任的重视也影响着中国企业的生产率。中国能否开创一种以培训为基础，从而使劳动力费用渐高，将巨大的人口资源转变为人力资源，开发人身上所具有的 KSAIBs，以此来提升国力，是新世纪中国经济增长的最大课题。而企业培训作为提升员工水平的关键主体之一（与公共教育相比，它的分工不同，但是作用相当大），作用还没有真正发挥出来，这也是企业培训所肩负的重要责任。

2. 资金市场

随着企业培训的作用越来越被人所认知，由企业培训所形成的市场将是一个越来越大的市场。虽然目前中国还没有官方的或者正式的数据显示这一市场究竟有多大，但是我们可以做一些估算。例如，一种估算可以从我国职工的工资总额的 1.5% 得出，这是我国法律法规规定的企业应该提取的培训与开发费用。2002年，这一数额已经高达 197 亿元。

一般来说，在经济不景气时企业都会比较短视地削减对培训的投入，尽管所有的研究者都指出了这样的行为对企业的长远发展是不利的，但是就连摩托罗拉这样的顶级公司也会在不景气时对培训部进行以收缩为主的改造。过去摩托罗拉的培训职能（以摩托罗拉大学为中心）被拆分为对内的培训开发功能和对外的摩托罗拉大学（已不再肩负对内的培训开发功能，以对外出售课程为主）就是例子。这种变革提高了公司人力资源活动的效率，但是也不可避免地在一定程度上使培训和开发在公司的地位下降了，一个最明显的证据就是公司过去所承诺的每个员工每年的培训时间缩短了。

3. 劳动力市场

中国劳动力市场的一个主题是就业。从数量上说，我国劳动力供给是充分的，但是这种供给与企业的需求是不吻合的。因此，劳动力市场上的另外一个永恒的主题就是人才稀缺。最早是管理人才的稀缺，这种稀缺引发了中国的工商管理硕士教育热。在人们对工商管理硕士教育是否得当还争论不休的时候，另外一个许多学者很早就预测到的短缺——高级技术工人短缺开始从现实层面困扰企业，这似乎是中国向高端制造业迈进的主要障碍。企业界目前越来越关注的自有知识产权问题也是企业实现新战略不得不面对的问题，这个问题背后的一个重要因素也是人才的稀缺。

在培训方面，企业还应该关注的问题是我国人口结构的变化，如人口出生率下降、劳动力供给将逐年下降、从大城市开始已经或者正在进入老龄化社会等问题，对我国劳动力市场都将产生重大影响。最近，在我国沿海地区的一些省份还出现了过去闻所未闻的蓝领工人短缺。作为劳动密集型的企业，应该对此很敏感。

4. 培训的竞争

培训领域的竞争是比较特殊的。培训除了是对员工 KSAIBs 开发水平的竞争之外，还常常要考虑附载这些 KSAIBs 的人才的流失问题。企业投入在人身上的这些投资，可能由于人才的流失而丧失。由于人才流失，企业对培训的投入会受到抑制，企业也会在培训的内容上做文章来对这种潜在的损失进行控制。例如，企业会倾向于提供专业化的培训，员工在接受培训后，如果流动到另外一个企业工作，完全的专业培训不会提高他在新组织的生产率。这样，企业才不会为他人作嫁衣。同样的道理，企业会倾向于限制提供通用型的培训。

外部扫描还有一个重要的领域，那就是竞争对手的状况。企业必须对竞争对手在培训方面的活动进行评价，包括竞争对手在培训方面具有什么优势和弱势，公司员工的 KSAIBs 状况、培训组织状况、活动状况、培训项目和培训政策状况与竞争对手的比较。与竞争对手进行比较，可以使公司找到一个自己可以参照的标杆，确定自己的差距，在进行改进时，主动向业界的"最佳实践"靠拢。

5. 人口统计态势

人口统计中对培训有预测作用的数据很多，包括劳动力供给等常见的数据，但是更重要的数据应该是不同教育水平的人口的供给数量，这一数据在中国是呈现高速增长态势的。中国的教育水平与发达国家相比还有很大的差距，但是与二十年前比，所发生的变化已经是"天翻地覆"。公共教育所供给的水平是企业培训的基础，企业培训是在公共教育基础上的一种继续教育。因此，这个水平越高，意味着企业培训越容易开展。

更详细的人口统计资料应该包括下列信息：家庭结构状况（单亲家庭、双职工家庭）、区域性的教育和培训机构／结构、毕业生数量、健康与安全（安全事故、流行疾病、毒品和酒精滥用等）、培训与教育相关法律、人才流动的地区和行业趋势、员工工作态度和满意度状况、就业意愿（进入职业教育还是普通教育、进入管理岗位还是技术岗位）、生产率和顾客满意度状况（产品质量或服务纠纷的主要方面）、国际化和多元化经营状况、战略兼并趋势等。

6. 培训的相关规定

培训教育权也是当代人权不可或缺的组成部分，被视为实现人权的基础，因为公民所享有的言论、出版、集会、结社自由，选举或不选举、就业等权利都只有在接受了最低水平的教育之后才能实现。从法律的角度看，培训是人的生存权的一部分，而人要在社会上生存就需要在社会财富的分配中获得一个能保障其基本生活的份额。生存权得以实现的手段是就业，而获得就业就需要首先获得教育和培训。因此，获得培训的权利是对平等就业权利的补充和完善。国家相关部门对企业应该保证的最低培训开支做了相关的法律规定。2006 年国家为鼓励企业自主技术创新，国务院、财政部、国家税务总局及其他部委联合下发了多个有关提取职工教育经费的相关文件，并进一步强调了企业的职工教育培训经费提取、列支与使用必须严格遵守国家有关财务会计和税收制度的规定，要保证经费按规定用途使用。2007 年 8 月 30 日通过的《中华人民共和国就业促进法》（2008 年 1 月 1 日施行）第五章中对职业教育和培训做了有关规定，如第四十七条规定企业应当按照国家有关规定提取职工教育经费，对劳动者进行职业技能培训和继续教育培训。

7. 社会文化

改革开放四十年来，中国社会文化发生的变化同样不容忽略。这些年，中国人的行动发生了比较大的变化，社会的权利结构也发生了变化，除了传统的政治权利之外，经济力量也是决定变化的关键因素。社会结构则向更灵活、更有效率的方向变化。社会所看重的标志性符号开始物质化（如汽车、住房等）。人们所传颂的是经济上成功的故事，被牢记的是实现"中国式的梦想"的事件和人物。

同时由于过度追求经济利益可能带来的损害也为人们所认知，这既包括对环境的损害，也包括对社会伦理的损害，还包括对工作场所中人们的生理心理健康的损害。一种关注健康和生活质量的新思潮正在出现。人们发现工作狂式的工作态度对健康和生活质量的戕害可能是不可弥补的，一种寻求平衡的生活和工作关系的观念开始占主导地位。同时，在经历了造富的过程后，社会又开始关注公平，因此，工作场所的弱势群体开始被人们关注。首先被人们看到的是进城的农民工，然后是残疾人、女性等。

此外，服务经济的兴起和消费者自我保护意识的觉醒对培训提出了新的要求，消费水平的提高和消费领域的扩展也对企业直接面对顾客的人员的素质提出了新的要求。这既需要培训雇员的服务意识和技巧，也需要培训他们应对服务工作带来的巨大压力的排解能力。

这些变化在很大程度上左右着人们的价值观，从而对人们职业生涯观的形成产生作用。这也将影响企业开展的培训项目的内容，如健康类项目可能会大行其道，对社会责任的强调会让人们意识到通过担负社会责任来增强竞争力（如通过SA8000认证）。

8.技术变革

技术对产业的影响是培训需要考虑的一个问题，如企业所处行业／产业的技术发明和进展状况，政府发展该产业的技术政策和投入，技术传播、更新或者报废的速度等，都将影响到企业进行技术教育和培训的政策，更影响到企业的研究和开发战略，而这时培训就肩负着知识管理的责任。

技术对培训这一领域也存在着直接影响。这种影响主要反映在两个方面，一方面是很早就出现的视听技术对培训的影响，另一方面则是计算机，尤其是网络技术对培训的影响。这种影响比较多地表现在培训开展的方式上，而且影响着培训的效率和效果，影响着培训管理的效率和效果。目前，对这种影响的认识仍然是比较薄弱的，或者是不充分的。

9.培训的供应

培训的供应也是一个比较特殊的问题。所有的企业都需要与外部的培训供应商发生关系，因为没有一个企业能够完全提供自己需要的全部课程和项目。因此，如何了解培训市场、选择供应商、与供应商保持良好关系、如何让供应商提供的产品和服务更符合自己的需要，是企业培训部门的一项重要工作。此外，有的企业还将自己的培训产品和服务对外进行销售，这使得企业自己也成为培训市场的一个供应商，这时的问题就变成如何将自己的产品变成受市场欢迎的产品。

解决上述问题，对培训市场的充分了解是关键。无论企业是作为培训的购买者还是供应商都要有充分了解相关产品和服务的质量和价格的能力，因为这种产品的价格常常与其他产品的价格是不同的，差异也相当大。因此，还需要了解替代产品或者服务的情况，甚至应该了解如何与提供服务的人共同设计课程，从而以比较低的价格获得自己希望的产品和服务。

（三）未来分析

未来分析也是环境评价的不可忽视的方面。企业这时主要做的事情就是对未来进行想象和设计，通过比较广泛的和比较概念化的未来研究过程来确定问题。未来分析描述的是未来的状况，而不是从今天一步一步走向未来的过程，它要求管理者评价今天看来重要的与未来相关的问题，并从中看出培训方面的问题。例如，对中国来说，未来的 10～20 年将是劳动力供给发生激烈变化的时期，因此能否准确地看到这一问题的潜在影响，对许多企业来说是十分重要的。

一般来说，企业会将对自己未来的思考定位在十年后这样一个既比较长期又可以控制的时间段内。未来分析是战略思考的内在要求，它帮助企业确定是哪些力量在塑造企业的未来，评价可选择的未来情形并确定目标，从而决定将使企业方向产生变化的行动。现状分析是连续性的，而未来分析则是非连续性的。

二、确定战略问题和竞争优势

（一）环境评价资料搜集和分析方式

有的企业有长期搜集和整理这些数据的惯例，如通用电气公司；有的企业则广泛利用现成的第二手资料（如报纸、杂志、学术论文、出版物、咨询公司研究报告、数据库、专业或者行业协会的研究成果等）来获取信息。

关于现状方面的数据，有的数据可以也应该依靠平时的积累、整理和归类，这主要是指那些绩效和行为方面的数据，这样就不必再进行专门的数据搜集工作了。当然，对某些特殊问题，例如态度、满意度和积极性方面的资料则可能需要专门搜索，可以以面谈、调查问卷或者讨论会的方式进行。调查对象除了雇员外，有时还需要将顾客、供应商、销售商等包括进来。

在搜集数据时，既可以与制定企业整体战略而进行的环境评价一起进行，也可以针对培训进行。但是，即使是单独进行时，也应该考虑广泛搜集与培训相关的其他活动的资料。

对中小型企业来说，进行广泛的调查是不可能的事情，这时相关信息和数据的搜集工作就需要依赖培训工作者的平时留心和留意了。例如，在参加外部培训时，在参加专业或者行业会议时，在与外部同行进行交流时，都是极佳的搜集信息的时机。

企业应该集中关注在环境评价中找到的某些重要问题，将这些问题进一步当成专门课题来进行研究，这种更细致和深入的分析应该成为制定最终战略和行动计划的一个步骤。在有特殊问题的地方，企业应该进行集中化的数据分析，更深入地挖掘已经明确变化的各个方面的问题。例如，当我们发现管理者在组织职业生涯开发过程中开发技能和意识比较薄弱时，就应该搜集更多的资料来帮助管理者确定这个问题存在的范围和严重程度，从而有利于我们提出可供选择的方案。

进行未来资料搜集时，最主要的方法有头脑风暴法、想象法和德尔菲法。这时调查既应该包括企业内部人士，也应该考虑包括外部人士，如咨询公司和大学管理学院的人士。在发达国家，还有专门进行未来分析的专家可资利用，他们对未来的政治、经济、社会、法律、技术等各个方面都有系统的考虑，这些变化常常是比较复杂和相互影响的。当然，这些未来因素中有的因素是比较容易预测的，如人口变动等；而有的因素，如利率变动、能源价格等是很难预料的；在有的国家，政治因素也是很难预料的。

在搜集信息时，应该意识到真正有用的信息是很少的，这些真正有用的信息应该从那些广泛信息中进行筛选和梳理，90%的信息可能是没有用的，但正是这90%的信息保证了我们不至于漏掉10%的真正有用的信息。因此，应该努力寻找和考虑各种可能的相关信息，并认真地对这些信息进行梳理。

由于环境所包含的内容如此复杂，如果没有对问题的筛选，分析者就可能被淹没在他们自己列出来的一长串影响因素中。表面看来，这种分析对组织形成战略没有多大的用处，实际上所有这些问题都可能是有意义的，但是组织绝对不可能针对所有的问题下手。

（二）问题的来源

在研究什么问题与培训相关时应该注意，实际上所有的企业问题都具有人力资源方面的内涵，发生在一个企业的任何变化都对人有影响。同样，我们几乎可以说无论企业遇到什么问题，都与培训、与开发有关系。例如，降低成本的问题，组织重构的问题，新技术（产品、服务）发明和运用的问题，业务扩张的问题，多元化经营，国际化战略，一个企业要成功地形成一个战略和实施这个战略，不能有效地解决培训问题是不行的。当然，这里需要区分两类问题，一是人力资源管理问题与培训问题。例如，在招聘、筛选和薪酬方面的问题就属于典型的人力资源管理问题，而不是培训问题。同样，所有的有关人力资源的问题又都是企业的问题，因为问题只要与人的管理相关就是很重要的，会影响到企业的竞争能力，这些问题解决得好对企业将产生积极作用，如果解决得不好或者置之不理，对企业可能产生致命的影响。二是不能将所有问题都"人力资源化"，并非所有的问题都与人力资源管理或者开发有关，或者更准确地说，管理者应该认识到，有些问题尽管与人力资源管理或者开发是相关的，但是解决这些问题的最佳途径并不在人力资源管理或开发中。

有些培训问题是比较容易用特定的、具体的术语来描述的。例如，由于需要开发新的产品，需要具有特殊技能的人，这种短缺是很容易定义的。而有的问题则需要管理者凭自己的经验和观察来了解。有些问题比较容易找到原因，而有些问题则比较复杂，如管理技能的开发问题，不仅仅是培训不足的问题。因此，企业往往需要花费相当多的时间才能了解什么问题是真正需要解决的。

下面是一些企业在实际中诊断出的问题，这些问题是比较明确的，表明了企业之间存在的差距。

①由于企业采取了分散化经营的战略，我们需要找到促进新技术转化为店铺业务和顾客服务的方式。

②由于企业存在许多下属企业分布在世界不同地区，因此存在许多差异很大的亚文化，这些亚文化常常与企业所倡导的核心价值观相矛盾。

③由于缺乏具有足够技能的护士，医院的工作量分配不平衡，影响了护士的士气，也影响了病人护理的连续性。

第三节 培训战略的制定与培训概述

作为整个企业战略的一个组成部分，培训战略与其他职能规划一样，应该在整体战略中制定和实施。与财务战略、市场营销战略、技术战略以及其他人力资源管理战略一样，培训战略应该在同样的框架下制定和实施。

一、培训战略的制定

前面我们已经讨论了战略分析阶段的培训问题，也就是对环境所进行的评价。在战略分析的基础上，我们进入制定培训战略的过程，这个过程的工作包括评价／修改使命及愿景、确定战略目标、分配资源。

一旦完成了战略分析工作，即完成了环境评价，战略管理就进入制定战略的过程。对战略培训来说也是如此，在这个过程中需要完成的任务如下所述。

①管理者界定或者确立培训的使命、愿景以及企业的价值观，从而为企业的战略确定一个方向。

②将这些确定下来的内容转变为培训战略目标和广义的行动过程，包括实现这些内容的计划、项目和程序。

③在此基础上确定培训部门和其他相关职能部门的行动计划和目标，通过制定预算和资本决策过程来进行资源分配。

④各个单位、团队和个人针对具体的绩效目标制订自己的行动计划。

随着战略的制定从上而下进行，战略规划将越来越具体，越来越有人对其具体负责。企业的战略计划在公司层次常常是比较宽泛和抽象的，只有向职能部门或者经营单位进行分解时，才会变成能够实施的计划，而只有这一计划进一步落实到个人身上，变成这个员工的绩效指标时，战略才能变成可以实现的计划。战略培训的制定过程也是一样的。

二、培训概述

（一）企业培训的使命和目标

在对内部和外部环境进行分析后，我们就可以了解与企业相关的变化和问题。在此基础上，就可以形成企业的使命、愿景、价值观、目标和战略。而在战略确定之后，相应的人力资源开发的使命、愿景、价值观、目标和战略也就确定了，这实际上就是确定企业的培训哲学。这是在企业战略的基础上形成的书面的毫不含糊的陈述，它说明有效的培训可以改进绩效，即改变行为、提高生产率和组织效率。这样的使命可以为培训职能提供一种框架，它为所有从事培训活动的员工提供一个共同努力的目标，为培训项目的计划、制定和实施提供指导。

培训使命一般来说包括下列内容：①组织对雇员的看法，也就是组织如何看待和评价自己的雇员，也包括说明每个雇员应该如何对自己的成长负责；②全面地说明培训对组织的意义和对组织未来发展的作用；③说明组织中从事培训管理工作的人是如何看待培训过程的；④说明培训职能与组织的关系，说明培训与决策者和支持者的关系。

下面我们以某个组织的人力资源开发的使命、价值观的开发过程为例，说明如何从组织的使命和价值观引申出组织的人力资源开发的使命和价值观。

圣·约瑟夫医院作为一家以病人为服务对象的组织，它所确定的使命和价值观如下所述。

关于人：尊重生命的神圣和每个人的尊严和价值。

关于社区：创造充满关爱的社区，满足服务者和被服务者。

关于培训：提供个人成长和专业发展机会。

这实际上就是组织的使命陈述，而组织的培训部门的使命陈述正是由此引申出来的。

为了实现医院的使命陈述，医院的培训部实施了一项协作培训和开发项目，以便满足组织所有层次员工的需要，为员工提供内部的和外部的教育机会，以帮助他们不断地提高照顾病人的质量。

本使命陈述得到了包含以下内容的各种培训创新的支持。

①预知：管理入门。它概括了针对想成为主管的非管理人员的基本的管理理念。

②管理学院：为主管、经理和其他很有潜力的个人提供不断进步的教育机会，目标是提供管理科学和艺术的洞察力。

③继续教育项目：包含提供给所有员工提高能力和更新知识的内容宽泛的课程。

④特别培训：设计和提供以满足那些由主管、经理和培训人员共同认同的特殊培训需要。

（二）培训与战略选择

人们在讨论组织可能采取的战略时，一般都参考波特在 1980 年出版的《竞争战略》一书中所提出的框架，他的观点已经成为一种通用的管理语言。尽管人们对于这种战略的一般划分还存在争议，我们仍然可以以此为基础展开讨论，研究在一般战略框架内培训的问题。波特认为可以通过两种基本的方法去获得可持续的竞争优势，一种是成本领先战略，另一种是差异化战略。

1. 培训与成本领先战略

许多企业都将成本领先或者成本削减作为战略计划。但是，许多人都没有认识到成本是行为的结果。成本控制的关键是波特所说的成本驱动因素，而在波特定义的十大成本驱动因素（规模经济、学习、生产能力的利用模式、联系、相互关系、整合、时机选择、自主政策、地理位置和机构因素）中，有多个因素是与培训相关的。学习是指对那些已经被证明能提高效率的行为的学习，这一活动能随着时间的推移而产生降低成本的机制，包括安排的改变、进度的改进、劳动效率的提高、适于生产的产品设计改动、收益增加、资产利用率提高的程序和使原材料更适合于工艺流程等。学习不仅可以降低建设厂房等设施的成本，还可以通过供应商、咨询顾问、前雇员和反向产品工艺等机制从产业的一个企业向另外一个企业溢出。波特还认为，通过相互关系（相互学习），分离的活动和部门之间可以共享专门的知识，从而降低成本。此外，整合问题也是培训可以有所作为的地方，团队建设和冲突的协调等都可以提高整合的效果。波特认为时机的选择也与学习密不可分，行动的时机决定了学习过程何时开始。

2. 培训与差异化战略

差异化战略是指努力在购买者认为有价值的某些行业上做得高于其他企业。在实现差异化战略的过程中，培训是可资利用的重要手段。例如，在加强产品的独特性或者对产品进行改进时，就需要投资研究开发能力建设，或者加强设计技术和能力，这都是培训可以大有作为的地方。

在了解对新产品和新服务的需求方面，就需要管理人员或者设计人员能够接近市场、接近消费者，具有了解消费者品位和价值观的能力，而且应该对消费者在品味和价值观上的差异很敏感，还应该有对这些差异做出及时反应的能力。

在了解了消费者的需求后，根据市场的需要开发新产品的能力就可能取决于销售人员与研究开发部门人员的交流。由于这两个团队的语言或爱好可能是有差异的，而消除这种差异使两个团队之间形成良好的沟通，在一定程度上是可以由培训来解决的。在新产品的开发过程中，还有两个环节需要培训的支持，一是在开发过程中要加强对企业内部各个部门协作能力的建设，二是应该加强企业利用外部研究和设计技能的能力，利用供应商、竞争对手的观点是很重要的。

当新产品已经设计成功后，又需要销售部门从各个批发商或者零售商那里搜集可能的信息，并且了解信息的含义，并与从消费者那里获得的信息进行比较，以便提出具有意义的生产需求，这些对新产品的开发是有重要意义的。培训部这时应该着重解决的问题是培养供应商在价值链的不同部分建立联系并获得经验的能力。只有了解了这些过程和这些过程中培训可以进行的工作，培训才可能真正做到从战略上支持一个战略的实现；反过来，只有有了培训的实实在在的支持后，战略的实施才能如虎添翼。

在服务业的差异化战略中，战略是否能成功，在很大程度上取决于直接面对顾客的员工是否具有了解和满足顾客的需求的能力，这也是培训与开发活动大有可为的地方。在差异化战略中，必须弄清楚企业所在的是哪个细分的市场，也就是究竟满足的是哪些特殊顾客的需要。重要的还不仅如此，在了解了哪些人是企业的特殊顾客后，更重要的是通过服务将这种满足变成行动，如果企业是在不同的细分市场中满足不同的需要时就更需要这种能力。例如，如果是在商场内出售满足不同消费群需求的产品，就可能需要在商场的设施、环境、装置上有所差异。更重要的是，面对顾客的员工也应该进行细分，在年龄、性别、教育水平、语言能力、观察能力、应对能力上，甚至着装上都体现出不同来，这些员工应该对他们所接受的新服务有充分的认识。例如，过去在图书馆中负责借书的员工被转移到新的出借录像带业务领域，如果没有对他进行过这个领域产品性质、内容等的相关培训，他是不能提供高质量的服务的。我们经常观察到的情形是，在没有培训部门配合的情况下，尽管企业宣布提供某种新的高质量的产品，但是售后服务人员配置不足或者培训不够，服务速度慢，服务质量低，企业员工在处理与消费者的冲突时没有正确地行事（态度、技能等不足），从而使新产品的推广受阻。

　　因此，应该认识到，仅仅通过价值链中的某个要素的作用是不能实现差异化的，只有通过价值链的多种联系才能实现差异化，而培训在使员工具备推行差异化战略时是价值链上的重要环节。培训的主要作用是保证与差异战略相关的人员都具备相应的 KSAIBs，无论是在差异化形成还是在实施阶段。

第三章　基于人力资源管理视角的企业员工培训需求分析

第一节　培训需求分析的含义及作用

随着科学技术的飞速发展及社会的广泛进步，现代培训教育的重要性日益突出，作为现代培训首要和必经环节的培训需求分析理应受到人们的重视。在西方，培训需求分析在实践和理论上都获得了长足发展，但是在我国培训需求分析还是一个全新的领域。加强培训需求分析的科学研究，积极借鉴国外的先进经验，为我国各级各类组织培训提供理论指导，具有重大的理论意义和现实意义。下面对培训需求分析的含义与作用进行初步探讨。

一、培训需求分析的含义、特征

培训需求分析作为独立的研究课题，源于心理学与科学管理领域。由于国内外学者从不同学科、不同视角对培训需求分析进行了研究，因此，培训需求分析的定义，各家有各家的说法。为了深入了解培训需求分析的定义，我们首先对国外文献中较有代表性意义的定义进行分析。

培训需求分析这一概念最早是在 1961 年由麦基和泰勒等人提出的，他们认为培训需求分析是一种通过系统分析确定培训目标、培训内容及其相互关系的方法。当时的培训需求分析主要是从员工的角度进行分析，其对培训需求的定义是"培训对象"为获得某种知识和技能产生的一种自发的学习愿望。

斯蒂芬认为培训需求分析主要是寻找理想的绩效标准与实际绩效表现之间的

差距，它是人力资源开发的基础工作，是进行有效培训的前提条件，有助于培训计划的顺利实施，同时是衡量培训方案的标准。

凯瑟琳认为培训需求分析就是在培训需求分析阶段，由培训专业人员对培训需求进行排序，将进行培训所需的资源与实际可用的资源进行调整与匹配，从而设计出切实可行的培训方案。

切斯特认为培训需求分析是指寻找和发现组织中谁需要学习以及要学习什么，以帮助其更好地完成工作，它力求在对缺乏培训而可能引发的后果与通过培训改善现有业绩上建立一定的相关关系。

戴维•哈里斯和兰迪认为培训需求分析是明确组织目标，找出普通员工实际具备的技能和业绩与优秀员工所需具备的技能之间的差距、现有技能和未来能够使工作做得更好的绩效所需的技能之间的差异，掌握企业人力资源开发活动的情况的一个过程，它是企业人力资源开发与培训的起点。

卡夫曼在强调培训需求分析重要性时指出，作为人力资源开发人员要始终保持对组织绩效的关注，并且提出了培训需求分析需要走出的一些误区，如注意力全部集中在个人的绩效差距上。一定要从培训需求分析开始做起，进行问卷调查，看大家需要什么，只采集软信息或者硬信息不是有意义的培训需求分析。

随着培训理论和实践的发展，近年来我国学者对培训需求分析进行了大量的研究。

徐芳在《培训与开发理论与技术》一书中将培训需求分析定义为"通过收集组织及其成员现有绩效的有关信息，确定现有绩效水平与应有绩效水平的差距，从而进一步找出组织及其成员在知识、技术和能力方面的差距，为培训活动提供依据"。

伍争荣、缪仁炳等认为培训需求分析是指"在规划与设计每项培训活动之前，由培训部门、人事部门工作人员等采用各种方法与技术，对组织及其成员的目标、知识、技能等方面进行系统的鉴别与分析，以确定是否需要培训及培训内容的一种活动或过程"。

林则炎在《企业培训设计与管理》书中指出，所谓培训需求分析是指在企业培训需求调查的基础上，采用全面分析和绩效差距等多种分析方法和技术，对组织及其成员的目标、知识、技能等方面进行系统的鉴别与分析，以确定是否需要培训及培训内容的一种活动过程。

向春在《实效培训》一书中认为，培训需求分析即为帮助企业员工解决现存问题、帮助企业员工弥补为实现组织发展目标而存在的不足所进行的分析。

李中斌在《培训管理》一书中认为，所谓培训需求分析是指在规划与设计整体培训活动或每一项培训活动之前，由培训部门、主管人员、工作人员采用各种方法与技术，对各种组织及其成员的知识、技能、能力等方面进行系统的鉴别与分析，以确定是否需要培训及培训什么的活动或过程。

颜世富在《培训与开发》一书中将培训需求分析定义为：企业要求具备的理想状态（理想的绩效状况和职位对员工的知识、技能和态度的要求）与现实状态（员工对所要求的知识、技能和态度的实际拥有程度）之间存在的差距。

总之，培训需求分析是指在规划与设计每项培训活动之前，由培训部门、人事部门、工作人员等采用各种方法与技术，对组织及其成员的目标、知识、技能等方面进行系统的鉴别与分析，以确定是否需要培训及培训内容的一种活动或过程。根据这一解释，我们可以看出培训需求分析具有下列特征。

（一）培训需求分析主体的多样性

既包括培训部门的分析，也包括组织领导者、人事部门人员、管理人员、工作人员的分析。不同主体在组织中的地位不同，决定了其在培训需求分析中的优势不同。只有调动各方面人员的积极性，使他们参与培训需求分析，发挥各自优势，才能保证培训需求分析的真实性、全面性和有效性。

（二）培训需求分析客体的多层次性

培训需求分析就是要通过对组织及其成员的目标、技能、知识、态度等的分析，确定个体现有状况与应有状况的差距、组织现有状况与应有状况的差距以及组织与个体的未来状况。因此，现代培训需求分析有三大层次：个体分析、组织分析、战略分析，它们共同构成了现代培训需求分析的内容。对不同层次的培训需求进行系统分析，有助于分析主体从不同角度了解组织及其工作人员现在及未来的培训需要，对于提高培训需求分析的合理性、真实性、有效性是非常有必要的。当然，培训需求分析的三大层次并不是截然分开的，而是相互关联、相互交叉的。

（三）培训需求分析的核心在于寻找差距

培训需求分析就是通过收集组织及其成员现有绩效的有关信息，确定现有绩效水平与应有绩效水平的差距，从而进一步找出组织及其成员在知识、能力和技能方面的差距，为培训活动提供依据。

（四）培训需求分析结果具有很强的指导性

培训需求分析的目的就是通过对组织及其成员在知识、技术、态度等方面现有状况与应有状况的差距分析，为培训的必要性、培训人员、培训内容的选择、培训目标的判定、培训规划的设计、培训活动的组织等提供依据。

（五）培训需求分析方法的多样性

科学的方法是培训需求分析得以顺利实现的重要保证。培训需求分析客体的多层次性以及培训对象的差异性，决定了培训方法的多样性。从宏观上看，培训需求分析有全面性分析方法、绩效差距分析方法、能力分析法、任务分析法等；从微观上看，培训需求分析有访谈法、问卷法、观察法、测验法等。

二、培训需求分析的作用

培训的系统理论认为，培训是一个系统，这一系统始于对培训需求的分析评价，然后是确定培训目标、选择设计培训方案、实施培训，最后是培训效果的检验。培训系统是各部分相互联系的网络，其中培训需求分析是培训的首要和必经环节，是其他培训活动的前提和基础，是使培训工作准确、及时、有效进行的重要保证，在培训中具有重大作用。

（一）有利于找出差距，确立培训目标

培训需求分析的基本目标是找出差距并确认差距。它主要包括两个方面：一是绩效差距，即组织及其成员绩效的实际水平同绩效应有水平之间的差距，主要是通过绩效评估的方式来完成的。绩效评估的方式多种多样，有实绩记录法、工作标准法、因素评定法、代表人物评定法、强迫选择法和目标管理评价法等。二是完成一定绩效的知识、技能、能力的差距。它的确认一般包含三个环节：首先，必须对所需要的知识、技能、能力进行分析，即理想的知识、技能、能力的标准或模型是什么；其次，必须对现实实践中的或现实缺少的知识、技能、能力进行分析；最后，必须对理想的或所需要的知识、技能、能力与现有的知识、技能、

能力之间的差距进行分析。这三个环节应独立有序地进行，以保证分析的有效性。然而，经常的情况是，需求分析并非如此简单，每一环节都有可能面临各种矛盾和冲突。例如，参与分析的人员多种多样，他们可能对所需要的知识、技能、能力的看法不一致；当组织标准和工作人员职位经常发生变动时，需求分析往往滞后于实际情况等。

（二）改变原有分析

原有分析基本是针对组织及其成员的既有状况进行的。当组织面临着持续动态的变革的挑战时，原有需求分析就可能脱离组织及其成员的实际状况，因而改变原有分析对培训显得尤为重要。当组织发生变革时，不管这种变革涉及技术、程序、人员，还是涉及产品或服务的提供问题，组织都有一种特殊的、直接的需求。那些负责培训和开发的人应及时把握这些变化，改变原有分析，从而制定出符合实际情况的培训规划和设计。

（三）促进人事分类系统向人事开发系统转换

当需求分析考虑到培训和开发时，需求分析的另一个重要作用就是能促进人事分类系统向人事开发系统的转换。无论是公共部门还是私营部门，一般都有人事分类系统。人事分类系统作为一个单位的信息资料库，在决定关于新员工录用、预算、职位升降、工资待遇、退休金等的政策方面非常重要，但在工作人员开发计划、培训、解决问题等方面用途有限。如果一个人事分类系统不能够帮助工作人员确定他们缺少什么技能以及如何获得这些技能，工作人员就不可能在一个较高的工作岗位上承担责任；如果这种系统不能包括详细的、特殊的培训需要，它对培训部门是没有任何用处的；如果它不能分析由任务和技能所决定的培训功能，它就不能形成高质量的目标规划。然而，当培训部门同人事分类系统的设计与资料收集密切结合在一起时，这种系统就会变得更加具有综合性和人力资源开发导向。

（四）提供可供选择的解决问题的方法

这是我们进行培训需求分析的重要原因之一。我们知道，造成一个组织痼疾的原因是多种多样的，因而实施培训并不一定是治愈痼疾唯一的方法。那种认为培训需求分析的目的就是通过培训解决组织及其成员存在的问题的看法是一种非常片面的观点。美国学者米切尔把通过需求分析获得的问题分为四类：体制问题、组织问题、技能问题、动机问题，并认为并不是所有问题都是需要通过培训来解决的。实际上，培训需求分析可以提供一些与培训无关的选择，如人员变动、工资增长、新员工吸收、组织变革，或是几个方法的综合。目前企业所面临的问题往往复杂多变，因此最好将这几种可供选择的解决问题的方法综合起来，制定多样性的培训策略。

（五）形成一个信息资料库

培训需求分析实际上是一个通过各种方法收集与培训有关的各种信息资料的过程，经过这一过程可以形成一个人力资源开发与培训的信息资料库。一个设计良好的培训需求分析能够确定一般的培训需要与受训者，确定培训内容，指出最有效的培训战略，确定特殊的受训者等。此外，在培训之前，需要通过研究这些资料建立一个评估标准，然后用此标准来分析所进行的培训项目的有效性。

（六）决定培训的成本与价值

如果进行了系统的培训需求分析，并且找到了存在的问题，分析人员就能够把成本因素引入培训需求分析中去。需要回答的问题是："不进行培训的损失与进行培训的成本之差是多少"。如果不进行培训的损失大于进行培训的成本，那么培训就是可行的；反之，如果不进行培训的损失小于培训的成本，则说明当前还不需要或者不具备条件进行培训。当然，不同性质的组织，确定培训成本的难易程度是不同的，而且由于很多项目不能用数字量化，且要考虑长远利益，因而做这项工作是比较困难的。

（七）为获得组织对培训的支持创造有利条件

组织支持是指在培训过程中，政府、企业等各种组织及其成员，如管理人员、领导人员、工作人员对培训活动的支持，从而保证培训活动的顺利进行。组织支持贯穿于培训的全过程，没有组织支持，任何培训活动都不可能顺利进行，也不可能获得成功。因此，培训部门必须想方设法获得组织支持，而获得组织支持的重要途径之一便是进行培训需求分析。通过培训需求分析，可以使有关人员认识到组织存在的问题，发现组织成员知识、能力和技能的差距，了解培训的成本和价值，从而为获得组织支持创造条件。例如，企业相关部门的员工通常支持建立在真实需求分析基础上的培训计划，他们实际参与了培训需求分析的过程，亲自感受培训的必要性和紧迫性，因为只有人们认识到培训与他们有密切关联时，才会积极投入。

第二节 企业员工培训需求分析的主要内容

企业培训中出现的所有问题都将责任指向了负责培训工作的经理，因为培训经理对企业经营绩效存在的问题认识不清晰、判断不准确，没有把合适的培训课程匹配给合适的人，没有妥善处理受训员工工学之间的关系，等等。而企业往往自始至终都没有真正弄清楚培训的需求究竟是什么，而且员工培训需求也是发展变化的。培训不是大锅饭，笼统的培训不能够解决所有问题。面对满桌的佳肴，有些人不知道如何下筷子，因为这些菜肴不符合他的口味。因此，培训经理想烹饪出美味的培训大餐，首先要了解企业需要员工吃什么，然后才能够准备食材、进行烹饪。一般情况下，对企业培训需求的分析可以从组织分析、任务分析和人员分析三个方面进行。

一、组织层面的培训需求分析

培训需求的组织分析依据组织政策、目标、内部文化、绩效、结构以及未来发展等因素，分析并找出组织中存在的问题以及问题产生的根源，以确定培训能否解决这些问题。具体地说，组织分析包括以下几个方面。

（一）组织分析内容

1.组织目标

明确的组织目标不仅对组织发展起着决定性作用，也决定了培训计划的制订以及执行。组织目标分析主要围绕组织目标的达成和政策的贯彻是否需要进行培训或组织目标的未达成和政策未得到贯彻是否与没有进行培训有关系展开。对于那些没有达到组织目标的领域则需要进行更深入的分析，并采取相应的人力资源培训与开发设计或管理方面的干预措施。

2.组织资源

若是没有明确可以被利用的人力、物力和财力资源，就很难确定培训目标。组织资源分析包括对组织的资金、时间以及人力等资源进行分析。资金就是组织可以提供的培训经费，它将影响培训的宽度与深度。对于一个组织而言，时间就是金钱，培训需要相应的时间保证。若是时间紧迫或者安排不当，都会影响培训效果。人力则是决定培训可行性与有效性的另一关键因素。组织的人力状况主要包括人员的数量、知识水平、技能和年龄，人员对工作单位的态度以及工作绩效等。

3. 组织特征

组织特征对培训结果的好坏起着重要作用。当培训计划与组织的价值有差异时，培训的效果则难以得到保证。如果员工的工作态度、工作精神，员工之间的向心力、凝聚力，以及员工对企业文化的理解、接受程度等与组织目标的达成存在重要关系时，就会产生特定的培训需求。组织特征分析就是了解组织的系统结构、文化、信息传播等情况。

系统结构特征是指组织的输入、运作、输出、次级系统互动，以及和外界环境之间的交流特征。系统结构特征分析就是审视组织运行系统是否可以产生预期效果、组织结构需不需要改变以及有没有相应的培训需求等，它能使培训组织者系统地面对组织，避免组织分析中出现以偏概全的现象。

文化特征是指组织的经营运作方式、软硬件设施、规章制度、组织成员行为与价值观等。文化特征分析能使培训组织者深层次了解组织。

信息传播特征就是组织部门与成员收集、分析以及传递信息的分工和运作形式或者方式。信息传播特征分析能提高培训组织者对组织信息传递以及沟通的风格与特性的了解。

4. 组织所处的环境

在当今市场竞争中，不仅很多企业进入新的市场，也可能从事全新的行业或者业务。与此相对应，培训也就不可或缺。如果国家或政府颁布一项涉及劳动的法律，组织也必须进行相关法律的学习培训。

（二）组织分析方法

1. 组织整体分析法

组织整体分析法是以整个组织的现实情况为出发点，以企业的战略目标为根据，确定组织培训需求的一种办法。组织整体分析可以通过某些指标反映组织经营状况，这些指标主要包括企业经营环境、产品销售利润率、员工流动率、客户满意程度以及投资回报率等。通过对这些指标进行分析，找出组织的现实状况与目标要求之间的差距，这些差距主要体现在生产技术、公众关系以及经营管理等方面，从而有助于各种培训需求的确定。

2. 专家分析法

专家分析法是一种最简便、最奏效的剖析组织层面的培训需求的办法。即选择若干知名专家，以组织的整体状况为出发点，深层次地研讨、剖析组织的运营、发展战略、发展目标、市场环境以及现有资源等，从而找出组织现在的状况与之前所要求的状况之间的差距，并进一步确定整个组织范围内的培训需求的一种分析方法。此处所说的专家必须对组织的市场环境与运作状况相当熟悉，只要符合这一条件，不管是组织内部人员还是外聘人员均可胜任此职位。一般情况下，这一职位的最佳人选是公司的高层管理者和重要部门的管理人员，如果公司近期进行过中长期发展策略规划，那么担任这一职位的人员也可以是企业发展规划的主要制定者。专家分析法分为面对面操作模式和背对背操作模式两种。

（1）面对面操作模式

将专家召集在一起，针对组织层面培训需求分析的主要内容进行座谈，分析组织的市场环境、战略目标、现有资源和运作经营模式等情况，并且明确这些情况对组织培训的详细要求。

（2）背对背操作模式

采用匿名函询的办法，就组织的整体培训需求向专家发出征求意见调查表，请专家提出看法，然后汇总专家的意见，整理成一个新的调查表，再发给专家征求意见，如此反复多次，最后得出比较一致的结论。相比之下，专家面对面座谈，交流更加方便，操作起来更加省时省力。采用背对背操作模式时，专家可以获得更加充裕的时间用于查资料与深入思考，并且避免了权威的影响，当发生意见针锋相对时，也不至于面对面发生冲突，更有利于敞开思路、独立思考和各抒己见。

（三）组织层面分析信息来源对人力资源培训的意义

①组织目标、目的和预算。通过评价组织目标和实际绩效的差距，确定培训

重点、培训方向及经费预算。

②人力资源储备库。人力资源培训需要弥补因退休、离职等引起的资源储备不足，确定培训需求的大致范围。

③技能储备库包括以下信息：每一项技能群体包含的员工数量、知识和技能水平的级别，每项工作所需的培训时间等。可以由此估算出对人力资源培训的特定需求量，并有助于人力资源培训项目的成本收益分析。

④组织氛围指数，包括不满情绪、缺勤率、离职率、态度调查、顾客投诉等，反映组织层面的"工作环境质量"，有助于发现可能与人力资源培训有关的问题，也有助于管理者分析实际工作绩效和理想工作绩效之间的差距，从而设计出所需的培训方案，以及如何影响员工工作态度和行为方式。

⑤效率指数分析，包括劳动力成本、物料成本、产品质量、设备利用率、运输成本、浪费等，这些指数在一定程度上可以代表实际绩效与期望绩效或标准绩效之间的差距。

⑥系统或子系统的变化。设备的更新换代可能对人力资源培训工作提出了新的要求。

⑦管理层的要求或指示。这是最常用的分析人力资源培训需求的指标之一。

⑧离职面谈。一些从其他途径无法得到的信息常常可以从离职面谈中取得，尤其是可以从中发现组织在哪些方面出现了问题，以及需要对管理层进行的培训是什么。

⑨通过目标管理或工作规划与述职报告可以获得工作绩效总结、潜力评价和长期经营目标方面的信息，以不断循环发展的观点了解实际的工作绩效、分析绩效问题，并力求改进。

二、任务层面的培训需求分析

培训需求的任务分析就是通过查阅工作说明书或者具体分析完成某一项工作需要的技能，对员工有效完成该项工作必须具备的条件进行深入了解，找出存在的差距，确定培训需求，弥补不足。培训需求的任务分析的目的主要是提高对与绩效问题有关的工作详细内容、标准以及完成工作所应具备的知识与技能的了解。培训需求的任务分析主要从以下几方面展开。

（一）任务分析内容

1. 工作的复杂程度

一般指的是工作对思维的要求，是抽象性还是形象性或者兼而有之，是需要更多的创造性思维还是要按照有关的标准严格执行等。

2. 工作的饱和程度

一般指的是工作量的大小与工作的难易程度，还有工作所消耗的时间长短等。

3. 工作内容和形式的变化

随着企业经营战略与业务的不断发展，有些部门的工作内容与形式的变化较大，而有些部门的工作变化则较小，所以在进行培训需求分析时应该特别注意这一点。对于未来所发生的工作变化应有一定的前瞻或者预测，从而使企业在其不断发展过程中能够坦然应对，而不至于在衔接或者过渡中出现问题。这就需要从企业整体发展的角度分析深层次的培训需求。企业的发展壮大，对各个部门的要求不是一成不变的。企业发展对岗位工作的要求，既是确定培训需求时须充分考虑的一个重要因素，也是培训追求的一个重要目标。培训是一个循序渐进的过程，随着企业的发展而不断改变，而且培训需求的分析也能依据工作分析的不同目的来进行。根据不同的分析目的，通常工作分析可分为一般工作分析和特殊工作分析两种。一般工作分析的主要目的是使任何人都能很快了解一项工作的性质、范围和内容，并为进一步分析奠定基础；而特殊工作分析是以工作清单中的每一工作单元为基础，针对各单元详细分析并记录其工作细节、标准和所需的知识、技能。

（二）任务分析方法

任务分析法是依据工作描述和工作说明书，确定员工达到要求所必须掌握的知识、技能和态度。通过系统地收集反映工作特性的数据，对照员工现有的能力水平，确定培训应达到什么样的目标。在工作说明书中一般要明确规定：每个岗位的具体工作任务或工作职责；对上岗人员的知识、技能要求或资格条件；完成工作职责的衡量标准。除了使用工作说明书和工作规范外，还可以使用工作任务分析记录表，它记录了工作中的任务以及所需的技能。

（三）工作分析信息来源对人力资源培训的意义

①工作说明书。描述此项工作的典型职责，有助于明确绩效标准。

②人员的任职资格要求。除工作的特定任务，可以明确任职者所需要具备的知识、技术、能力以及其他素质特征。

③绩效标准。明确完成工作任务的目标及其衡量标准。

④执行具体的工作任务。确定绩效的一个很好的方式，通常级别越高的职位，实际绩效与理想绩效的差距越大。

⑤观察—抽样。了解工作的实际情况。

⑥查阅相关文献，如其他企业研究、专业期刊、文件、政府资料、论文等，有助于分析比较不同的工作类型，但是有可能出现和实际的、特定组织环境或绩效标准无法比较的情况。

⑦访谈，如任职者、主管人员、高层管理者等，通过向组织成员询问和工作有关的问题充分了解培训需求问题。

⑧培训委员会或专题讨论会，可以提供一些关于培训需求的看法与要求。

⑨分析工作中出现的问题，明确工作中存在的影响工作绩效的阻碍因素和外在环境因素。

三、人员层面的培训需求分析

人员分析的目的是将员工目前的实际工作绩效与企业的员工绩效标准进行对比，或者是将员工现有的技能水平与预期未来此技能的要求进行对比，发现两者之间存在的差距。这种分析的信息来源包括：业绩的考核记录、员工技能测试成绩以及员工个人填写的培训需求问卷等。目前，大家普遍接受的个人培训需求分析的方法就是自我评价法。

（一）人员分析内容

1. 个人考核绩效记录

员工的工作能力、意外事件、平时表现（抱怨、请假、怠工）、离（调）职访谈记录、参加培训的记录等。

2. 员工自我评量

自我评量依据的是员工的工作清单，由员工针对每个单元的相关知识、工作

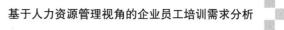

成就以及相关技能进行真实的自我评量。

3. 知识技能测验

通过实际操作或者笔试的办法对员工工作的真实表现进行测验。

4. 员工态度评量

员工对工作的态度不仅可以影响其知识技能的学习与发挥，还会影响其与同事的关系，甚至能影响其与顾客或者客户的关系，这些又反过来影响他们的工作表现。所以，运用定向测验或者态度量表，能够帮助企业了解员工的工作态度。

（二）人员分析方法

根据人员分析确定企业培训需求有四种方法：逻辑推理法、缺口分析法、多因素分析法和素质模型法。

1. 逻辑推理法

推理过程主要包括七个阶段，这些阶段用来对培训的各种不同需求进行了解：第一，表明目前员工工作的状况；第二，对工作情形进行检查，通过员工的上级与同事获得相关数据，并且要与员工直接讨论或者采用做测验的方式；第三，培训工作者发现工作流程中出现了错误，需要设法完善流程，员工如果未能圆满地完成工作任务，就可以进入下一阶段；第四，专家通过培训给予员工协助，比如展示新的工作方法，改变工作观念上的认识偏差等；第五，员工的心理障碍；第六，员工的健康状况及其他个人问题是否是导致不良工作表现的原因；第七，了解员工个人内在心理需要的满足，帮助员工消除心理障碍，以改善员工的行为与态度。

2. 缺口分析法

培训是一种解决存在的问题的好办法，首先需要抛弃那些培训不能解决的问题，将注意力集中在那些能够通过培训解决的问题上，还要打消一次解决全部问题的思想。注重现状与需求，接着考虑怎样通过培训来弥补缺口。培训是用来弥补缺口的，通过发现缺口可以确定培训需求，而填补现有的技能与希望达到的技能之间的缺口是培训的目的。这个缺口是显而易见的，通过缺口分析，我们可以知道需要进行多少培训。在进行缺口分析时，主要回答以下三个问题。

①是否存在员工行为或者工作绩效的差异。

②绩效差异的重要性。

③培训员工是不是最佳的途径。

然而，培训是不是解决问题的有效途径，还应比较培训成本与绩效差异所造成的损失，跳过这种比较将会减少培训边际效用，从而影响最终效用。

3. 多因素分析法

大部分确定培训需求的方法都是以工作与绩效为衡量尺度，却忽略了员工学习能力的高低与员工参加培训意愿的强弱这两个变量因素。针对员工学习能力、学习意愿和与工作相关程度的综合分析，可以得出在不同状况下的不同培训需求：第一，"意愿低—能力低—相关低"的状况。此状况下的培训方式及原则如下：其一，必须强迫员工参加培训；其二，以正式的、结构化的培训方式为主；其三，强调激励与具体的培训活动；其四，设置实际的或模拟的工作场所，作为培训地点；其五，施训者应鼓励员工参与，并称赞员工的成就；其六，进行小规模培训，如此才能提供激励及增强作用。第二，"意愿低—能力低—相关高"的状况。此状况下的培训方式及原则如下：其一，由单位强制培训，以免使学习意愿低落；其二，提供具体的奖励，使学员乐于学习；其三，经常给予正面的增强效果。第三，"意愿低—能力高—相关高"的状况。此状况下须以具体的奖励措施来激发学员学习的兴趣。第四，"意愿低—能力高—相关低"的状况。此状况下的培训目的在于设法提高学员的学习意愿，使他们了解培训与工作的关系，其做法如下：其一，培训内容略为困难，以提高学员的兴趣；其二，培训必须在实际的或模拟的工作场所进行，并通过实际动手或模拟操作，强调如何将学习到的技能应用到工作上；其三，以强制参加受训或鼓励参加受训来提高学习意愿。第五，"意愿高—能力低—相关低"的状况。此状况下的培训方式及原则如下：其一，讲授必须高度结构化，内容宜分成小单元，并尽可能在工作现场进行；其二，培训时先示范每一项简单的动作，然后让学员自己动手操作；其三，在学员逐渐热心学习时，可采用比较放任的方式。第六，"意愿高—能力低—相关高"的状况。此状况下的培训方式及原则如下：其一，可以采取比较随便的方式；其二，参加受训的奖励可以不必具体；其三，训练内容必须高度结构化；其四，给予学员足够的时间，使其接触种种培训资源，让他自己追求、自己学习。第七，"意愿高—能力高—相关高"的状况。此状况下学员不论参加或不参加培训，都会努力学习。如果单位欲进一步培训此类人员，则只需要非正式的、少量的培训即可。第八，"意愿高—能力高—相关低"的状况。此状况下的培训是使学员了解培训与工作的关系，其方式有：其一，举办短期讲习会；其二，讲习会应在工作场所举行；其三，举办短期性的、周期性的研讨会。

4. 素质模型法

一方面，社会环境瞬息万变，知识在不断更新，管理者不再掌握和控制一切，需要集体的智慧；另一方面，随着社会的进步，人们的成熟度越来越高，脑力劳动者的比例越来越大，体力劳动者的比例在不断下降，成熟的个体不仅具有主观能动性，而且具有独特的个性特征和能力结构。因此，现代企业越来越关注员工的综合能力和未来的潜力，素质模型法得到越来越多的重视。素质模型法不同于传统的明确知识、技术、能力和各项任务的培训需求分析，它将重点放在素质水平上。怎样确认各种素质并开发素质模型呢？第一，要明确被分析的工作或职位。第二，找出经营战略的变化。经营战略的转变会产生新的素质需求或改变原有的素质需求。第三，区分有效与无效的工作者。第四，确定导致有效或无效行为的素质。有几种确定素质的方法，包括对一个或几个"明显"工作者进行分析，对熟悉工作情况的人展开调查，根据从其他公司获得的优秀工作者的标准确定各种素质要求。第五，使模型产生效用。换句话说，就是必须确定真正的模型中所包括的素质是否与有效的工作表现有关，很重要的两条是：①所列的素质是工作成功所必需的，②素质高低水平是适当的。素质模型可用来确定培训需求，还可用来进行员工开发，即可应用素质模型来明确应对哪些员工进行培训。素质模型还可用于对谋求某职位的员工进行开发规划。通过对员工现有素质和工作需要的素质进行比较，可以使他们知道需要开发哪些素质并采取相应的行动，包括进修、积累工作经验和其他类型的开发。

通过分析员工的实际绩效与期望绩效之间的差距，确定哪些员工需要接受培训，以及培训内容。就好像给员工做全面的身体检查，精密地测出员工的能力素质现状，然后对照员工能力素质模型与岗位能力素质需求，查找绩效差距，确定员工需要提升的能力和素质；通过绩效记录或者调查问卷，查找员工工作中出现频率较高的问题，以及实际工作绩效与期望绩效的差距；以员工的工作清单为基础，由员工针对每一单元的工作成就、相关知识和相关技能真实地进行自我评量；采用实际操作或笔试的方式测验员工真实的工作表现，还可以观察员工对工作的态度，这不仅影响其知识技能的学习和发挥，还影响其与同事的人际关系和客户关系，同时直接影响其工作表现。

实际上，由于组织分析与培训是否适合企业的战略、企业是否愿意在培训中投入时间和资金的决策有关，所以通常首先进行组织分析。然而，任务分析和人员分析常常同时进行，因为若不了解任务和工作环境，就很难确定绩效达不到要求是否是培训所能解决的问题。

第三节　企业员工培训需求分析的流程及模型

员工培训需求分析为企业培训工作提供了运作的基础，它是在企业培训需求调查的基础上，由培训部门、主管人员等相关工作人员等采用各种方法与技术，对各种组织及其成员的目标、知识、技能等方面进行系统的鉴别与分析，以确定是否需要培训及需要培训哪些内容的一种活动或过程。

一、培训需求分析的流程

培训需求分析既是确定培训目标、设计培训规划的前提，也是进行培训评估的基础，因而成为培训活动的首要环节。

培训需求分析实际上就是要找到企业的现状和想要达到的理想状态之间的差距。它的根本目的是决定是否需要进行培训，谁需要进行培训，需要培训哪些内容。因此，培训需求分析的好坏从根本上决定了培训是否有效和有收益。

但是，培训需求分析又是一件有难度和需要技巧的工作，其成功在很大程度上依赖于企业管理人员能够掌握一定的培训需求分析技术和实施流程。

（一）前期准备工作

在进行培训需求分析之前，培训管理者要做一些准备工作，为下一步的培训需求分析工作打好基础。准备工作包括三个方面。首先，收集员工资料，建立员工培训资料库。员工资料应当包括培训档案、员工的人事变动情况、绩效考核资料、个人职业生涯规划以及其他相关资料等。员工培训资料库可以帮助培训管理者很方便地寻找员工的背景资料，为员工的个人培训需求分析提供材料。其次，及时掌握员工的现状。培训部门相对于其他业务部门来讲，更像是提供服务的部门。最后，培训管理者应当把培训对象看作是服务对象，及时掌握服务对象的动态，才能更准确及时地提供有效培训。因此，培训管理者要和其他业务部门保持密切联系，及时更新和补充员工培训资料库，建立收集培训需求信息的通道。培训管理者为了及时掌握员工的培训需求就必须建立通畅有效的培训信息交流通道。例如，可以通过建立培训信箱、培训信息公告牌、制定培训申请规定等方式与员工和部门交流培训信息，有条件的公司可以利用公司内部网络搭建培训信息交流平台等。

（二）制订培训需求分析计划

在正式开展培训需求分析之前，培训管理者有必要制订分析计划，计划应当包括三方面的内容。首先，制订工作计划。工作计划包括培训需求分析工作的时间进度，各项具体工作在执行时可能遇到的问题及应对方案，应当注意的问题等。其次，设立工作目标培训需求，其主要有三个层次：组织层次的培训需求、任务层次的培训需求和人员层次的培训需求。在计划中应当明确培训需求分析在哪个层次上进行，应当达到什么目标。一般来说，培训需求分析都希望能准确找到培训需求，为是否做培训和培训什么找到答案。但在实际工作中，由于各种主观因素和客观因素的影响，收集到的信息不可能绝对准确，因此得到的结论也不可能绝对正确。一方面，培训管理者要尽可能排除各种因素的影响，提高准确性。另一方面，培训管理者没有必要过分追求准确而加大成本。最后，确定分析方法。培训需求分析常用的方法有观察法、问卷调查法、面谈法、测验法、工作任务分析法、资料分析法、重点团队调查法、绩效分析法、全面分析法等。培训需求分析方法和工具非常多，培训需求分析可以使用复杂方法，也可以使用简单方法，在实际应用时要根据具体情况来选择合适的分析工具。

（三）实施培训需求分析计划

培训需求分析的实施主要是按照事先制订好的工作计划依次展开，但在分析培训需求的时候，也要根据实际工作情况或遇到的突发情况随时对计划进行调整。

例如，培训计划中选择的分析方法如果在实施时遇到阻力或不能反映调查对象的真实需求，就要及时增加或更换调查方法。按照培训需求分析计划开展工作主要的工作程序如下所述。

1. 征求培训需求

培训管理者向各有关部门发出征求通知，要求现状与理想状况有差距的部门或员工提出培训需求。

2. 审核汇总培训需求

培训管理者将收集的各类需求信息进行整理汇总，并向相关主管部门进行汇报。

3. 分析培训需求

对申报的培训需求进行分析，主要分析三个方面的情况：一是受训员工的现状，包括其在组织中的位置、是否受过培训、受过什么培训以及培训的形式。二是受训员工存在的问题，包括是否存在问题及出现问题的原因。三是员工的期望和真实想法，包括员工期望接受的培训内容，希望达到的培训效果，然后核实员工真实的想法以确认培训需求。

4. 确认培训需求

通过对汇总来的各类培训需求加以分析和鉴别，培训管理者参考有关部门的意见，根据重要程度和迫切程度排列培训需求，为制订培训计划奠定基础。

（四）分析总结培训需求数据

各部门或员工上报的培训需求信息往往会受到外在或内在因素的影响而真伪共存，因此培训管理者需要对收集的培训需求信息进行数据分析、加以鉴别。同时，由于组织的培训资源有限，不可能满足所有的培训需求，因而也需要培训管理者对培训需求加以取舍，并做优先程度的排序。这一阶段的工作如下所述。

1. 培训需求信息归类、整理

培训需求分析的信息来源和渠道不同，信息的形式也有所不同。首先要把收集的信息进行分类、归档。

2. 培训需求信息分析、总结

对收集的资料仔细分析，从中找出培训需求。注意处理好个别需求和普遍需求、当前需求和未来需求之间的关系。结合企业的实际情况，根据培训需求的重要程度和紧迫程度对各类培训需求排序。

在进行数据分析时应做到：第一，准确性。在进行培训信息的收集时，会收集到各种信息，有些信息因为取得的渠道不同，有可能存在互相矛盾的、错误的、过时的和遗漏的信息。因此，必须认真审查培训需求信息的一致性和准确性。第二，全面性。使用所有相关的信息和数据，对信息进行甄选时要全面考虑各种因素的影响。第三，保守人员信息和数据秘密。公开培训信息的时候要做适当的鉴别，避免伤害员工参与培训的主动性。例如，有的培训信息和员工的绩效成绩相关联，要避免培训成为对员工的一种惩罚性措施。第四，简单易行。在保证质量的前提下，尽量使用最简单的统计方法。将培训需求分析的结论形成书面报告，提供给各决策部门参考。可以公开的部分应当向部门或员工公开，并就一些结论与相关部门或人员进行交流。例如，对不能满足的培训需求可以向相关人员提供合理的解释。

（五）撰写培训需求分析报告

培训需求分析报告是培训需求分析工作的成果表现，它的目的在于对各部门申报汇总上来的培训需求做出解释和评估，并最终确定是否需要培训和培训什么。因此，培训需求分析报告是确定培训目标、制订培训计划的重要依据和前提。

二、培训需求分析的模型

培训作为企业的人力资本投资，其成败在很大程度上依赖于培训需求分析。培训需求分析作为现代培训教育的首要与必经环节，是指通过对组织及其成员的目标、技能、知识、态度等的分析，确定个体现有状况与应有状况的差距，以及组织与个体的未来状况。培训需求分析评价是20世纪60年代麦吉和塞耶等人提出的一种通过系统评价确定培训目标、培训内容及其相互关系的方法。到了20世纪70年代，人力资源培训发展成为国外组织心理学的热门研究领域之一，培训需求分析在这种背景下得到进一步的发展与完善。

（一）循环评估模型

20世纪80年代戈尔茨坦等人经长期研究将培训需求评价方法系统化，指出培训需求评价应从三个方面着手，即组织分析、任务分析和人员分析，并构建了最为广泛流行的循环评估模型。组织分析，即通过对环境、战略和组织资源进行检查，以确定培训的重点。任务分析包括核查工作说明书及要求，发现从事某项工作的具体内容和完成该项工作所需要具备的知识、技能和能力，从而确定所需要的培训内容。人员分析是从员工实际状况的角度出发，分析现有情况与完成任务的要求之间的差距，鉴别培训因素及非培训因素的影响，确定谁需要培训。

（二）培训需求差距分析模型

美国学者汤姆·W.戈特将"现实状态"与"理想状态"之间的"差距"称为"缺口"。该模型是通过对"理想技能水平"和"现有技能水平"之间关系的分析来确认培训需求的。模型表明，"理想状态"同"现实状态"总会存在一定的差距，这些差距主要包括现有知识程度与希望达到的知识程度之间的差距，现有能力水平与希望达到的能力水平之间的差距，现有认识、态度水平与希望达到的认识、态度水平之间的差距，现有绩效与预期绩效之间的差距，已经达到的目标与要求达到的目标之间的差距，现实中的劳动者素质与理想中的劳动者素质之间的差距等。总之，培训活动的宗旨在于消除或者缩小这种差距。

（三）胜任特征模型

胜任特征是由美国著名心理学家麦克利兰于1973年提出的。胜任特征是指能将某一工作或组织中表现优异者与表现平平者区分开来的个人的表层特征与深层特征，主要包括知识、技能、社会角色、自我概念、特质和动机等，任何可以被可靠测量或计算的，并且能显著区分优秀绩效和一般绩效的个体特征。胜任特征模型则是指担任某一特定的任务角色所需要具备的胜任特征的总和。

除了以上三种员工培训模型外，还有其他的培训模型，如基于绩效咨询需求分析模型等。上述三种模型在实际运用过程中，很多企业总是可望而不可即，即总觉得模型很好，但是就是无法在企业里实施，或者实施的效果不太好。原因在于：其一，这些模型的使用是需要一些前提条件的，比如企业的员工胜任特征，很多企业缺乏专业的人力资源管理人员去完成这项工作。其二，以上这些模型主要关注的是企业的内部情况。虽然循环评估模型有一部分是组织分析，有对外部环境的分析，但是由于外部环境需要关注的点比较多，很多企业对这部分的分析往往流于形式。培训需求分析是培训实施的依据，这一工作不能少。那么，如何构建一个具有可操作性、有效的培训需求分析模型呢？

要使培训有效，重点之一是找到培训需求分析的基点，即培训需求分析的参照物，对参照物的选择不同，结果也会不一样。过去的参照物过多的是内部岗位和内部人员之间的对比，这有一定的意义，但这个意义存在的前提是被参照的员工确实是非常优秀的，工作绩效是非常棒的。这里有个问题是员工工作绩效同企业内部员工相比可能是非常优秀的，但是同其他企业的员工相比可能并不算优秀。就我国实际情况来说，我们使用标杆分析法来确定员工培训需求是简单有效的。这种学习标杆对象可以是外部的，也可以是内部和外部的结合。首先要明确企业的发展战略。通过对企业内外部环境和组织资源等进行分析，明确企业未来发展的目标和业务重点。根据企业的发展战略寻找可以比照的标杆企业，通过比较分析确定标杆企业。在确定标杆企业后，是要了解其发展战略、市场占有率和市场增长率，还是员工各方面的情况，这要根据本企业的实际情况来确定。由于企业在不同的发展时期，其重点是不同的，即企业需要投入的物力、人力、财力的重点是不同的，所以在一定的时期内，企业要准确地选定其跟标杆企业比较的部门和岗位，这样更加具有实际意义。因为标杆企业并不是处处都好，而且有些方面进行比较没有多少实际意义，再者这样可以更充分地集中利用企业的有限资源。确定标杆企业后，拿本企业的相应的部门和员工同标杆企业进行比较，可以发现两者工作绩效的差距，认真分析，寻找原因，根据本企业的实际情况确定培训需求。

培训是需要成本的，如果没有通过有效的方式确定企业是否需要培训以及培训的方式，而是盲目进行培训，这样的培训难以取得预期的效果。

第四章 企业传统培训方法

第一节 演示法

演示法是指培训者将培训信息（事实、过程、解决问题的方法等）演示出来，受训者被动接受信息。演示法包括讲座法和视听法。

一、讲座法

讲座法是通过语音和文字书写的方式将学习信息和材料传达给受众的一种演示法。它的应用最为普遍，同时是最古老的培训方法。讲座法还是最简便、成本最低的一种培训方法。这种最为传统的培训方法采用集中办班的形式，运用最基本的教学设备（如黑板、粉笔等），通过培训者的语言向受训者传授所要培训的内容。

在需要传送大量信息，而听众又对基本的讨论及其他参与方式了解比较少的情况下，讲座就拥有最大的优势。在比较短的时间内，一个专家可以给一个大团体传递大量的信息。因此，讲座是经济和高效的培训方式，也是唯一可行的能为大团体迅速提供信息的方式。讲座常常用来提供有关公司政策、新产品、市场条件变化等方面的信息。

从讲座法问世以来直到今天，尽管对它的批评从来没有停止过，但是不论新技术（如网络培训）如何发展，它一直是受欢迎的培训方法，尤其是对于处于起步阶段的企业和知识需要不断更新的学习型组织，以及对于一些简单知识的简单介绍，该方法无疑是最有效的培训方法。这种培训方法能经久不衰的主要原因是，它是在短时间内将信息传递给一个大规模的学习群体的最有效的方法。当讲座法与图式（例如：幻灯片、图表、地图等）、音像资料等结合使用时，能克服讲座法的缺点，效果会更好。

讲座法也是被广泛批评的一种方法。最主要的批评是，讲座法是一种单向的交流。学习者很少能获得主动，他们总是处于被动地接受信息的地位，因此很容易对学习感觉无聊，在学习中变得疲惫，能维持听众一个小时的兴趣的演讲者就已经是很不错的了。讲座法第二个被提及最多的缺点是，讲座不能实现学习者之间经验或思想的交流和分享。演讲者一般很难确定他传授的东西有多少能被听众所理解并加以应用，这也是为什么讲座虽然被使用得最多，却远远地落在培训方法"人气榜"后面的原因。没有对话，在讲座中受训者不能将自己的观点提出来供大家讨论。在一项对培训方法受欢迎程度的调查中，许多人认为讲座法是不受欢迎的方法，在获得知识所使用的方法中，讲座法仅仅排在受欢迎程度的第九位。

当然，也有学者认为这样的结论是有失公允的。他们认为，学习者之所以不喜欢讲座法是因为不喜欢讲座法的枯燥，但是这并不代表这一方法的有效性不高。一些研究显示在技能培训课程中，这一方法的有效性与角色扮演等是一样的。当然，我们还需要明确的是，在什么条件下讲座法将成为有效的培训方法。首先，可以肯定的是，尽管都是讲座，演讲者的水平是个很重要的控制变量。一次有趣的讲座比乏味的讲座更能让学习者学习到知识，也能促进学习者的记忆和将学习到的东西转移到工作中。一些有经验的培训者指出，那些年龄是 30 岁以下的听众最容易受讲座是否有趣的影响。其次，可以肯定的是，如果将讲座法与其他方法结合使用，讲座法的缺点就可以克服。一般来说，与讨论、角色扮演、案例研究、录像等结合是比较好的选择，与这些方法结合的主要目的是加强培训的互动性和学习者的参与。

正是由于讲座法的优缺点，使讲座法成为传授知识的最好方法，但讲座法在进行技能培训和开发、在行为和态度的校正方面几乎是无所作为的，而通过讲座法获得的知识也是很难实现转移的。因此，在选择培训方法时，应该注意培训的目的，如培训想要改变的是 KSAIBs 中的哪一项。

尽管讲座法是很古老的、被运用得最普遍的方法，但是可以说真正能用好这一方法的人并不多。好的讲座不是简单地利用语言和文字将信息传递出去就完了，而是应该注意对学习者的发动、对学习者的鼓励、对学习者的观察，与学习者的沟通等。如果能很好地注意这些问题，那么讲座法的许多缺点是可以克服的。

二、视听法

视听法是指利用幻灯片、照相、录像、录音等设备来传递信息的方法。录像是一种在发达国家被运用得十分广泛的培训手段，而在我国还没有获得广泛的运用。通过录像、录音等设备可以有效地帮助教师增强其讲授内容的直观效果，非常客观地记录研究对象的活动，学员在学习中的表现，教师的教学过程；在必要时还可以反复播放，对帮助学员掌握知识，提高他们的技能有着其他培训方法所不及的优点。不过，这种方法很少单独使用，与讲授法结合使用会取得更好的效果。

由于视听法能很好地复制一个情景，将受训者带入一个具体的环境中去，同时由于视听法可以重播，能让受训者看到自己的表现，以便于对其进行纠正。录像也可以进行行为模拟和互动性教练，所以视听法主要用于提高学习者的沟通技能、讲演或者谈话技能和为顾客服务的技能。在管理培训中，录像可以用来向学习者展示实际生活或者虚拟的例子。例如，人们可以利用电影《桂河大桥》中的片段来理解以沟通和冲突管理为主题的学习内容。另外，视听法由于具有可重复性，也常常用于将标杆员工的优秀行为或者操作录制下来，进行技能和操作培训。例如，人们可以将一道加工程序（如金属切割）录制下来。

以音像为代表的视听法有许多优点。第一，视听法能利用多种多样的媒体作为媒介将培训材料展示给学习者，可以将动态的、复杂的事件复制出来，而且将事件很难传达的细节表现出来，这是讲座和讨论等方法都无法达到的。文字的案例讨论材料可以将一些情景描述出来，但是录制的材料能将很难描述的事件很简单地告诉学习者。第二，学习资料可以进行重播、慢放，这对行为学习是很好的；另外，也方便学习者不断地揣摩和观察一些操作上很难把握的技巧，这能节省很大的开支。在回放的过程中，学习者可以对过程进行观察，对行为者的行为进行批判。第三，录像可以让学习者接触到一般情况下不能接触到的设备、事件、难题，如典型的冲突事件、常见的抱怨、危机情形等。第四，录像可以使受训者看到自己的表现，这能在一定程度上促使受训者比较客观地看待自己存在的问题。

可供人们使用的录像资料有多种。一种是现成的资料，例如电影成品、讲座的录像、现场录制的人物表演等；另一种是可以自己制作的，例如可以录制会议、录制面试过程、录制角色扮演，也可以录制企业发生的特殊事件。录像的使用应该注意的是，如果是利用电影等成品资料，应该对电影进行事先的剪辑，将一些有害的、无关紧要的情节删除。如果是自己录制，应该注意情节的简单化，时间的控制等。尤其应该注意的是不要让故事情节将培训内容应该占有的位置占领了，否则学习者将把看这些资料当成一种娱乐，从而忽略了对培训内容的注意和理解。当把视听技术用于行为矫正时，需要培训者有比较好的控制能力，不能让受训者觉得受到伤害，这样他们才能比较好地对待录制，而不至于对这一过程感觉反感。

选择合适的电影是很难的事情。即使有许多电影可供选择，也不一定能选择到你需要的那种。选择电影或者其他录像作品是没有捷径的，人们必须在自己观看电影后从中分析观看这样一部电影可能让受训者获得什么经验，不能将就。如果一部电影只有10%的内容与培训相关，就不应该使用；如果有80%相关，也要进一步弄清楚，那另外的20%对培训有什么影响，如果有不好的影响，可以考虑进行剪切。不要将使用电影当成一种娱乐，而是应该在使用前和使用后学习或巩固其内容。

视听资料可以分为三大类：静态的媒体、动态的媒体和远程传播的资料。静态媒体包括印刷材料、幻灯、投影等。现在这些媒体由于计算机化的技术的使用都已经有些过时，因为现在所使用的 PowerPoint 等软件已经完全可以替代这几种媒体，而且在使用的方便程度等多方面都远远优于这些传统的方法。动态媒体多种多样，有录音带、录像带、电影等比较传统的能将一个事件按一定顺序再现的技术。现在这些技术也有被越来越流行的 CD、VCD、DVD 等数字媒体所替代的趋势，数字媒体在保存、剪辑、添加字幕等方面的优势是传统的动态媒体无法比拟的。尽管如此，录像带仍然是最流行的培训技术。在发达国家，对录像资料的使用是很普遍的。有许多现成的电影资料可供公司选择，许多企业也会自己制作培训节目。他们或者有自己制作录像资料的专家，或者长期聘请这方面的专家为自己服务。这方面的专家不仅应该是培训方面的专家，还应该懂得影视制作方面的知识。他们需要进行拍摄前的准备，包括写剧本、组织演员队伍、布置背景等。录制完成后还需要进行后期制作，包括剪辑和声音与图像的混合等。一些资料显示，录像是除了讲座法之外使用得最广泛的培训方法。某项调查显示，有 69% 的公司将录像作为培训工具。录像带流行的一个重要原因是，它可以将培训的材料带到世界各地，而不必将培训师请到现场。所以在发达国家，对录像资料的开发也是很重视的。实际上，从事市场销售的人很重要的任务就是推销录像带。现在，微型摄录设备越来越先进，这使得企业制作方面的成本大大降低，而便利程度大大提高，尤其是 DV 方面的进步，使制作变得越来越简单。一些研究者指出，当代的青年是看电视长大的一代，对他们来说视听媒体是一种能获得他们认可的媒体。

对企业培训活动来说，最有价值的录像是企业内部发生的事情。将这些事情录制成视听材料对员工和管理者进行教育，效果可以是使用其他录像材料的几倍。例如，国内一家私营的商业银行，在经历了"挤兑"后，将事件复制出来。企业还可以将模范员工的成长录制下来，可以将不同部门的典型一天录制下来进行分析。

第二节　体验法

体验法就是要求受训者积极参与培训过程的方法。这种方法可使学习者亲身经历一次任务完成的全过程，或学会处理工作中发生的实际问题。无论是讲座法还是视听法，学习者都处于被动地位，或者大部分时间处于被动位置。他们是信息的消极接纳者，不会产生对过程的参与感。体验法是一种全新的学习设计理念指导的结果，这种学习理念可以称为"体验主义"。体验主义相信学习应该是积极和主动的，只有这样的学习才有利于改变学习者的 KSAIBs。体验法希望营造一种在心理上安全的、在环境上尽量接近实际的情景，在这样的环境中，学习者能感觉到一种挑战，这样他们在探索新知识、技能和能力时才会将身心投入进去，从而产生一种越来越使其行为发生变化的结果，有利于开发特定的技能和将行为应用到工作中去。

这类培训方法的发展是很迅速的。企业中经常使用的体验法包括角色扮演、案例研究、商业游戏、仿真学习和行为示范，这些方法主要是让受训者通过亲身体验学习在工作中可能用到的某些技能或行为。

一、角色扮演

角色这个词可以十分恰当地表示人们是如何"排练生活"或"排练工作"的。角色扮演的目的在于让受训者对可能发生的情况做好准备，最常用的方法就是让受训者根据简单的背景资料（如剧本或规定的情景）扮演分配给他们的角色。通常将受训者分成两部分，一部分进入角色情景中去处理各种问题和矛盾，让其通过表演去体验他人感情或体验别人在特定环境中的反应和处理问题的方式。例如，可以指定一个受训者扮演推销员的角色，另外一个扮演客户，第三个人扮演产品设计师等，这样就建立了一个场景，参与者在其中扮演各自的角色，其他的受训者则进行观察。一旦该场次演出结束，听众就在培训者的指导下，对演出效果进行讨论。对扮演者来说，从角色扮演中获得的影响是很大的，他或她实际上获得了一个自我发现和自我认知的机会。另一部分受训者则要认真观察扮演者的行为，在表演结束后要对扮演者的行为进行评价，发表自己的看法。这样就保证了台上台下的受训者都能从这一过程中受益。

角色扮演是在管理培训中使用得最广的一种体验性方法，其优点决定了它的受欢迎程度。角色扮演的优点包括：①具有互动性和行为性。角色扮演让受训者积极地参与到整个培训过程中，并对受训者的行为演示给予指导，实现了培训者与受训者之间的双向互动。②教会受训者换位思考。受训者通过扮演与实际工作岗位不同的角色，可以学会从他人的立场考虑问题，以及在生活中如何与他人更好地进行交流，进而加深彼此之间的理解，增强合作精神。③重塑或改变受训者的态度或行为。角色扮演可以使受训者对过去类似行为或者做法进行反思，在此基础上认真思考并实践新的行为和做法，从而达到重塑、改变其态度或行为的目的，有助于新想法、新策略的产生。

角色扮演的缺点同样明显：①在角色扮演中角色扮演者所能获得的情景信息是比较少的，这不利于扮演者的正确参与。②受训者的主观反应直接影响培训效果。如果受训者准备充分、态度积极，全神贯注地投入整个扮演过程，那么角色扮演将是非常有效的培训形式，反之将收不到多大成效，受训者可能仅仅将角色扮演看成儿戏，从中仅仅获得一种娱乐，完成扮演后并不能将体验带回到工作中。③不适宜团队精神的开发。角色扮演强调个人，不重视集体，不利于培养受训者的团队精神。在角色扮演中，问题和困难往往是针对各个单独的角色，扮演者总是从自己担任的角色出发来体验情感、做出决定，很少考虑到组织或团体的需要。角色扮演可能培养出优秀的个人，但不利于建立坚固的集体。④受训者按照固定的角色活动，这就限制了他们的发挥空间和创新行为。⑤对培训者和受训者都有比较高的要求，例如组织能力和表现能力等。⑥受训者如果不扮演角色，往往容易感觉没有意思，观看别人排练的角色可能觉得十分枯燥，只有轮到自己时，才会觉得有些乐趣。

在了解了角色扮演的优缺点后，人们就比较容易克服其缺点、发挥其优点了。在角色扮演方面存在的问题大多数与培训师有关。如果培训师缺乏准备和组织能力比较差，就会使大多数的角色扮演弊大于利。在运用角色扮演这一方法时，为了使受训者获得更好的体验，培训者应该在角色扮演活动之前、扮演过程中和扮演之后发挥重要的指导作用。准备角色扮演应该像制作戏剧一样认真，因为角色扮演和戏剧在许多方面是一样的。在扮演开始之前，培训者应该首先向受训者说明角色扮演的意义，让受训者产生愿意积极地投入到活动中去的动机，培训者还应该认真地挑选扮演者，因为并不是所有的受训者都适合扮演角色。应该挑选那些有表现欲望、性格外向的受训者。在开始前则应该说明扮演的方法，说明各种各样的角色的情况，说明活动的时间安排，还应该说明观众应该观察什么、准备什么。在角色扮演开始后，则应该对活动进行控制。应该控制的要点包括活动的时间、受训者感情的投入程度、各个小组的关注点。扮演的活动与受训者的关系越密切，他们就越不会分散精力。在扮演结束后，培训者应该提问，提问可以帮助受训者回忆和理解活动。扮演后的讨论也很重要，这可以使受训者有机会分享自己的感受。可供讨论的主题包括：在练习中发生的事情，受训者在扮演中学到的东西，通过参与活动积累了什么经验，受训者自己如果再遇到这样的情形将采取什么行动，如何将学习到的东西运用到工作中去等。有许多企业尝试将角色扮演的活动录制下来，在回放中能获得很好的效果，扮演者能更好地对自己的表现进行自我观察；也可以将排练过程录制下来，这样扮演者可以看到自己的进步。

角色扮演的适用范围是比较特殊的，也是比较广泛的。角色扮演可以用于人际关系的培训和行为领域的培训，不仅可以用于培训生产和销售人员，而且更适合用于各层级的管理人员的培训。

角色扮演特别适合矫正管理者或者营销人员的行为，有意识地让管理者扮演被管理者的角色，让销售者扮演消费者的角色，可以使他们获得一次"换位思维"的体验。例如，让一个进行绩效管理的管理者扮演一个下属，他就可能体会到下属看待绩效管理工具的感觉，从而有利于管理者在将来的绩效管理中更加重视绩效反馈，更愿意改变态度。再如，可以设计让偏瘫病房的护士扮演偏瘫病人（例如将她们身体的一半打上石膏），她们将体验到病人一切都需要依赖护士的感觉。

角色扮演应该针对曾经发生过的事情，而这样的事情在将来还有可能再次发生。如果不考虑发生频率问题，就应该考虑事情的严重性，也就是那些尽管不经常发生，但是一旦发生其影响就会比较严重的事情。

为了做好角色扮演的素材准备，培训师和管理者应该经常地研究企业各个方面的典型事件和案例。例如对销售人员的培训，可以收集推销员的经验及经理的经验，以此为对象设计"脚本"，这样将有助于达到学习效果。就像最好的书往往是以事实为基础撰写的一样，最好的角色扮演也应该以过去发生过的真实情况为依据，因为真实的案例比编制的案例更有吸引力。

角色扮演与仿真模拟有相似之处，但是也有区别，区别在于受训者可获取的反应类型以及有关背景情况的详尽程度。角色扮演提供的情景信息十分有效，而模拟所提供的信息是很详尽的。角色扮演注重的是人际关系反应（如解决冲突和危机，寻求更多的信息），而模拟注重物理反应（如拉动杠杆、拨个号码）。在角色扮演中，结果取决于受训者的情感（和主观）反应；在模拟培训项目中，受训者的反应结果取决于模型的仿真程度（如在飞机模拟器中，若受训者降低襟翼的角度，就会影响飞行的航向）。

二、案例研究

案例研究是通过描述一个成功或失败的事件，或者一个故事，让受训者分析哪些是正确行为、哪些是错误行为，并提出其他可能的处理方式的学习方式。学习中所运用的案例既可以是现实世界中实际发生过的，有真实的人物和背景；也可以是杜撰的，但即使是杜撰的故事，也需要以现实世界发生的事件为蓝本进行概括和浓缩。对案例的记忆可以帮助受训者推广运用所学的知识或技能，其目的是提高受训者分析问题和解决问题的能力。案例研究的运用相当广泛，最早是在军事培训中使用，然后扩展到大学管理学院。现在，企业培训中也开始大量地应用该方法，当然主要用于管理开发方面。另外，案例研究现在也在公共管理、社会学、法律等多种学科的教育中运用。一个案例可以是十分复杂的，有的时候需要受训者阅读多达几十页的案例描述，这种形式的案例学习需要受训者大量的阅读和学习，还要有充足的时间进行讨论，才能从中获益。有的案例则可能很短，不超过一页——描述一个具体的情况供小组讨论。有一些案例是用录像和电影的形式代替文字，这种案例学习常常比文字案例更加有效，因为受训者能够更容易地理解案例描述的情形。无论如何，案例都应该将充足的信息给予受训者，受训者通过这些信息对案例的情景进行分析。

案例研究的一个基本假设是，受训者能通过对这些过程的研究与发现进行学习，这样他们在必要的时候就能回忆起在案例中接触过的知识、技能和能力，并运用这些知识、技能和能力。案例研究十分适合开发智力方面的技能，例如分析问题、解决问题的能力、综合和评估能力，这些技能通常是管理者、律师、医生、教师等专业人士所需要的。

布莱德福特·波依德将一个用于管理者培训的文字案例分成以下六个步骤。

第一步：培训师详细说明试图向群体讲述的案例表明的原理。第一步是非常重要的，因为它规定了案例建立的基础。一个好的培训师不只是用案例来调动情绪，而且要用案例引导群体了解他（或她）要讲授的原理。在这一步中，培训师为他的培训计划设定方向。

管理者有责任让其他人随时了解信息、进行沟通，不能形成一种沟通，即管理者向被管理者进行单向的反馈的态度。对沟通的需求的了解是决定他们相互沟通效果好坏的关键因素。

第二步：建立一种能说明某种原理的情景。这一步以给写作案例的计划确定一个主旨开始。它提供了案例发生的环境，也就是培训师让受训者从原来的知识和过去的经历中回想起典型的问题和问题人物的地方。可以举出一个例子，说明一个经理认为他周围的人总是给他制造各种各样的麻烦，是因为他们不能或者不愿和他沟通。

第三步：指出症状和症候。确认所举的案例是从正面还是反面或者是从这两方面说明了所要讲的原理。思考是什么事件和情形引发出第二步中定义的态度，或者与第二步中定义的态度相关，同时证明第一步所细述的原理。比如下面的例子。

①在常见的抱怨（如"没有任何人告诉我任何信息"）中所表达的态度。

②在下列情况（如果我需要做我的工作，不管什么地方的什么人都必须与我合作）中表达的态度。

③一个下属越过直接主管向部门的经理寻求一个优惠。

④员工误解了"简单"的指导，而在日常工作中制造了具有干扰作用的混乱。

⑤我们在要求别人做出特殊努力时常常不能获得别人的配合。

第四步：开发人物。决定人物就像装配工作中组装上最后一种原材料一样，这些人可以是做得好的人，也可以是做得不好的人。每种都可以是现实生活的表现，为案例提供现实性。通过聆听受训者描述他们的老板、雇员、同事和与他关联的其他人，此时就处在一个案例学习的人物世界了。思考下列案例。

①给这个关键人物起一个名字，如比尔·纽曼。如果这个名字在正在培训的群体中让人联想起某一种族，那么这时最好使用别的名字，比如斯坦·多姆布鲁斯基或者琼斯·马迪尼兹。

②让他处于领导阶层。在这种情形下，还可以让比尔·纽曼作为一个部门领导出场。

③他的态度和前景如何呢？让他成为一个错误的典型，如缺乏耐心，以自我为中心，在出现问题时总是试图找别人的错，责备别人，这就是典型的"需要培训的高高在上的家伙"。

第五步：写案例。从这里开始就简单了，在抓住要点的基础上，描述情形、态度和症状以及任务，不过案例的细节不应该太多。如果上面四步所讲的准备工作已经做得很仔细了，那么这一步就水到渠成了。

第六步：用问题来结束。这些问题指引小组思考的方向，指导大家朝原理的方向展开讨论。问题应该详细地陈述培训师让大家考虑和讨论的问题，这样受训者就会沿着培训师希望的方向接近问题。

在案例研究中，有以个人为单位进行分析研究的，但是最好将培训者分成不同的小组。将一个或者几个案例分配给各个小组，或者让他们选择自己最感兴趣的一个案例进行分组，然后对每个小组进行如下安排。

第一，每个小组选择一个组织者，他的责任是领导和控制讨论，以达到所定的目标。

第二，任命一个书记员，任务是记录和总结已有的讨论。

第三，每个小组需要讨论的问题包括：

①从案例中重新组织重要的事实；

②从事实中抽象出关系；

③找出问题；

④提出与案例中不同的解决措施；

⑤说明这样做的原因。

这种案例学习和方法能够被任何组织迅速采用。首先可以写下案例来描述主管已经面对或者将要面对的情况，让每个小组用 30 到 45 分钟的时间分析案例，然后由组织者或者其他人向全部的人做报告，之后进行全体的公开讨论，最后由培训师根据所解释的原理、方法和技巧对关键的地方进行补充和评价，尽量使案例学习成为一个实践项目。

案例可以通过多种途径获得。成品案例一般是通过管理学院获得，现在市场上也有许多分册出版的案例教材，这些教材集中在管理的一个方面；而活案例可以通过受训者获得，尤其是来自不同企业的管理者，总是能为学习提供生动的案例。

案例研究具备如下优点：①调动了受训者的学习主动性。教学中由于不断变换教学形式，受训者的大脑一直处于兴奋状态，能够鼓励和激发其认真思考，更多地发挥了受训者的主观能动性。以这样的方式，受训者可以自己思考出应该学习到的 KSAIBs，而不是被灌输，这样将有利于他们理论联系实际。②能够集思广益。由于受训者的年龄、学历、工作经历等的不同，可以形成不同的解决问题的思路，将这些个人解决方案综合在一起就会找到优于任何个体解决方案的最恰当的解决办法。③培养团队合作精神。管理案例法要求每一个受训者都积极参与讨论，所以每一个受训者都必须认真听取他人的意见，并对他人意见发表自己的见解，这样就锻炼了团队合作意识和协调能力，同时增强了各自的沟通能力。

对案例研究的批判也是很激烈的，这些批判指出的缺点包括：①案例所提供的情景不是现实生活中真实的情景，有的案例与真实情况相差甚远。②编制一个好的案例需要投入较多的人力、物力和时间，同时编写一个有效的案例需要有相关的技能和经验，因而案例的来源往往不能满足培训的需要，这也是阻碍管理案例法推广和普及的一个主要原因。③管理案例法需要较多的培训时间，否则培训师没有足够的时间对受训者给予指导，受训者做出的决策可能很糟糕。④案例研究过分将注意力放在团队思维上，过分重视过去发生的事情，也使培训师的角色受到了限制，受训者的交流在数量上是增加了，但是交流的质量是无法保证的。还有些批评者认为，过分关注案例也会削弱受训者概念化的能力，受训者会在学习中缺乏质疑假设和采取立场的能力。最严厉的批判也是最中要害的批判来自阿吉利斯。他指出，由于受训者关注的是案例的细节，所以很可能养成一种看到"芝麻"而看不到"西瓜"的习惯。

值得指出的是，尽管有这么多的赞扬和批判，但对案例研究的实证研究还是很少的，从这些研究中还很难得出一般性的结论，这一点对中国更是如此。案例研究无疑是受到学生欢迎的学习方法，但是在这一方法的运用上，存在许多问题。例如，培训师倾向于控制讨论向他所期望的方向发展，受训者不习惯阅读长篇案例等。这一方法的效果更是有待研究。

尽管缺乏宏观地对案例效果的研究，但是人们的确能看到成功运用案例进行学习的个案。例如，美国的中央情报局就是一个有效地运用案例研究的例子。这个机构采取的案例都具有历史真实性，而且所用的数据都十分精确。例如，它们利用利比亚侵袭作为管理课程中提升领导才能的教学材料。这个机构使用过100多个案例，其中有大约三分之一是关于管理的，其余的是关于军事培训、反情报技术等方面的。在培训课程中，案例安排在受训者学习分析并解决复杂、不确定情况时。这个机构发现，为了使在培训中应用的案例对受训者更有意义和更加可信，材料应该尽可能真实，以激励受训者能在他们工作环境类似的情况下做出决策。为了做到这一点，该机构聘请了退休的军官编写案例，甚至还成立了一个案例编写小组，让培训师做好使用案例教学的准备。

克服案例研究的缺点的方法包括：①选择与培训目标一致的案例。由于一份优秀的案例的编写过程需要投入很多的人力、物力和时间，因此在实际培训中，培训师往往利用现成的案例进行教学。而许多成型的案例可能与受训者将遇到的工作情况或问题无关，这就需要培训师根据培训目标来选择案例，考虑案例与培训目标的相关性。这种案例又称为"活案例"。对这些案例进行检查是非常重要的，可以判断案例对受训者到底有多大意义。②受训者必须做好充分的准备。案例研究是通过独立研究和相互讨论的方式来提高受训者分析问题和解决问题的能力的一种方法。因此其主体是受训者，要求受训者在培训前做好充分的准备，并尽可能地为受训者提供案例准备和讨论结果的机会，安排面对面讨论，让受训者自愿地进行深入的思考、热烈的讨论，才能达到培训的目的。③案例应无答案。案例研究提供的情景是具体的、全方位的，人们的行为可以从各方面进行解释，很难存在一个最优答案。所以案例应只有情况、没有结果，有激烈的矛盾冲突，没有唯一的、最好的处理办法和结论。那些有明显答案的案例很少能取得成功。从这个意义上讲，案例的结果越复杂、越多样化就越有价值。值得注意的是，培训师在组织对案例的讨论过程中应保持中立的态度，不要对受训者的看法发表评价性的意见，否则将削弱培训效果。案例研究最重要的是通过分析和研究，使参与讨论的人得出一系列有逻辑、有道理的行动方案。

案例研究的适用范围包括高级智力技能的开发，如分析、决策、判断、评估的能力，适用于培训管理者、医生、律师和其他专业人员。此外，近年来该方法在高等院校的工商管理课程之外的教育中，例如公共管理、社会学、法学等教育中也得到了广泛应用。

三、商业游戏

商业游戏是由两个或更多的参与者在遵守一定规则的前提下相互竞争着达到预期目标，或者是众多参与者通过合作克服某一困难实现共同目标，要求受训者在游戏中搜集信息、进行分析和进行决策。由于游戏的趣味性和竞争性的特点，常常能激发参与者的兴趣和学习主动性。游戏强调的是解决问题和进行决策，因此是管理开发中运用得比较广泛的一种方法。游戏常常有很强烈的商业目的，例如利润最大化。游戏还可以以计算机技术为基础来设计，这将增加游戏的仿真程度和有趣性。

商业游戏常常是比较花费时间的。例如，一个比较流行的名为"透视玻璃"的管理游戏需要三天时间才能完成，这是由一个创造性领导中心开发的。游戏要求参与者扮演一个虚构的玻璃制造工厂的管理决策者，他们使用真实的企业管理数据（例如成本、收益、市场等）进行各种决策。三天的扮演活动，每天的侧重点是不同的，第一天侧重于运作企业，第二天侧重于给予反馈，第三天侧重于练习反馈技能。游戏主要依靠的是企业中的备忘录和来往的信件。每个参与者在培训中都需要与其他的管理团队的成员进行交流，对在来往信件中描述的参与者解决问题的行为方式和他们之间的相互交流，培训者要进行记录和评估。在培训结束后，参与者将获得一份关于他们的表现和"绩效"的反馈。许多企业将这套游戏用于开发管理者的分析技能和反馈技能，而且许多企业的研究显示游戏的效果是比较好的。

为了增强商业游戏的真实性，在设计上应该尽量考虑将实际情形带入培训中。例如一家公司在市场营销的培训中，将提高市场份额作为培训的一个主要内容。在培训中，受训者需要使用战略思想进行思考，例如如何认识和发挥竞争优势的作用等问题。游戏场地被划分为不同的区域，以代表不同的信息产业，如移动通信、无线电等。参与游戏的受训者需要去竞争市场份额，他们需要自己决定将精力投入到哪一领域去和竞争对手抢占市场。在商业游戏中学习到的内容将被作为备忘录记录下来。游戏常常采用团队方式，这将有利于营造具有凝聚力的团队。

商业游戏，尤其是计算机化的商业游戏在组织中的运用是比较广泛的，也是管理学院培训学生时使用得比较多的一种方式。商业游戏在对高层管理者进行战略管理能力的培训方面是比较有效的。

商业游戏的优点是比较突出的，这些优点包括：①能比较好地激发受训者的积极性。由于游戏本身具有的真实性和竞争性，可以刺激受训者学习。②游戏可以使受训者充分发挥自己的想象力，在改变自我认知、改变态度和行为方面具有神奇效果。③有利于营造团队。为了使自己的团队在游戏中取胜，受训者需要不断地沟通、交流、交换经验，通过共谋计策，增强了他们之间的信任感，有助于团队凝聚力的形成。④受训者将学到的东西与直观、复杂的情景相联系，理解和记忆就深刻得多，学到的知识也容易迁移。

商业游戏的缺点包括：①它可能将现实过分简单化，这会影响受训者对现实的理解，尤其表现在游戏不能很好地模拟出企业的历史、企业的文化，也很难模拟出企业所处的大的社会环境，例如企业面临的社会压力、社会价值观等。因此，很难让受训者看到另外一种选择可能造成的影响和后果。②因为游戏与模拟毕竟不是现实，受训者也能意识到这一点，因而在活动中他们的决策可能相当随便，所以这种方法容易使人缺少责任心。③商业游戏比较费时间，需要经常修改，有的甚至是从头设计。④许多商业游戏都有过分强调决策的数量方面，例如成本、收益与市场份额等结果性的指标的倾向，但忽视了达到这些结果的手段，例如对人的管理、对社会和环境所承担的责任等。所有这些都对商业游戏的有效性有反面影响，尤其会影响到学习效果的迁移。

同样，认识商业游戏的优缺点是为了寻找克服缺点的方法。在商业游戏的运用中，应该注意增加游戏的真实性，使其更接近现实，应该注意在学习中让学习者把握游戏中的伦理和道德原则。

商业游戏培训的适用范围是比较广泛的，可以适用于各种管理开发，尤其是高层管理者的开发；也适合人际能力的提高，例如集体合同签订、市场营销（为新产品定价、提高市场份额等）等方面的培训。商业游戏也特别适合以财务为衡量目标的培训，例如财务预算方面的培训。

四、仿真学习

仿真学习是对现实的工作情形或环境进行模拟的培训方法，受训者的决策结果可以反映出如果他在真实的工作岗位上会发生的真实情况。这种方法需要向受训者提供和工作情境相类似的设备、仪器及器材，所以需要开发模拟器，即员工在工作中所使用的实际设备的复制品。开发模拟器的关键在于，它们对受训者在实际工作中所使用设备时遇到的情形的仿真程度。通过对模拟器的操作，受训者可以在一个人造的、没有风险的环境中看清他们所做的决策的影响，而且不用担心错误决策会给在实际生产中使用实际设备时造成的损失。当真实的机器让受训者操作很危险时，或者实际机器的复杂操作需要培训，将各个子活动分离开来进行教学时，这种方法尤其适用。

大家都比较熟悉驾驶培训中所使用的模拟器。模拟器可以是工作中所使用的真实机器的复制品，也可以是计算机化的模拟器。在计算机盛行的今天，新一代的学习者是很习惯使用模拟器的。在摩托罗拉的程序自动化的学习图书馆中，从没有接触过计算机或者机器人的学习者也可以学习如何操作这些机器。在进入图书馆之前，学习者首先需要听取两个小时的关于工厂自动化的介绍，包括新概念、专业词汇和计算机辅助生产过程。成功地使用机器人和计算机的简单练习能增强学习者的信心，使他们能够在真实的自动化的生产环境中工作时更快地进入有效状态。

仿真学习的优点包括：①避免风险和实际损失。由于仿真学习是在一个人造环境中进行的培训方法，受训者所做的决策不会影响实际工作结果，从而避免了错误决策带来的损失。②增强受训者的信心。受训者可以大胆地做出决策，不必担心错误决策造成的后果。通过对模拟器的操作，受训者掌握了在实际工作过程中可能会遇到的各种情境的处理方法，从而增强了受训者的适应力和信心。

仿真学习的缺点也是很明显的：①开发模拟器的费用高，对模拟器的仿真程度要求高，而且需求不断更新。因此，在模拟训练中应该注意系统与工作环境的相同性，提高仿真度。模拟培训的成功与否取决于模拟器与受训者将在实际工作环境中使用的设备的同一性。模拟器应该具有与工作环境相同的因素，模拟器的反应应该与设备在受训者实际使用的条件下的反应同一。②在计算机模拟的条件下还应该注意，受训者在计算机条件下可能产生一种对虚拟空间的错误感觉，当他们回到实际环境中时，可能仍然以虚拟条件下的空间感来测度现实条件下的空间，这可能出现问题。

模拟培训的适用范围也是很明确的，它特别适用于生理或物理反应等方面的培训，如飞行员和宇航员的培训、驾驶设备或者昂贵机械的操作。

五、行为示范

行为示范是指向受训者示范演示关键行为（即完成一项任务所必需的一组行为），然后给他们实践这些关键行为的机会的学习方法。这一方法的理论基础是社会学习理论，这一理论认为人们的许多行为模式是通过观察别人而得来的，而人们的行为模式也可以通过看到别人使用这些行为而得到强化。在组织中，员工学习各种各样的行为，这当中有工作性行为也有非工作性的。员工是通过观察主管、经理、同事等来学习行为的，模范角色的行为示范对人的影响是很大的。

行为示范比较适合于与行为有关的某种技能或行为的学习，而不太适合于知识的学习。研究显示，这一方法既在管理技能的培训上有效，例如人际技能的培训；也在那些需要程序化或者标准化的操作性的技能上有效，例如金属加工的培训。

行为示范是一种程序化的学习活动，它包括介绍与演示、技能准备与开发和应用计划三个步骤。每次培训一般持续四个小时，每次培训都包括有关关键行为理论的讲解，一盘关于示范演示关键行为的录像带，使用角色扮演的实践机会，对录像带中的绩效进行评价和用于说明如何将关键行为应用于工作中去的规划过程。在实践过程中，向受训者提供反馈，告诉他们到底他们的行为与示范所演示的关键行为接近到什么程度，角色扮演和示范演示是根据受训者在实际工作环境中将会遇到的情形来设计的。最后，这一过程还可能包括一个提供实践机会及促使培训成果转化的环节。

行为示范本身构成的就是一个封闭的学习环。它包括培训需求的评估，学习材料的开发，培训实施过程和对培训效果转移的设计及培训效果的评估。行为示范的具体步骤和每个步骤的关键控制因素如下所述。

（一）确定需求的环节

在这个环节，需要确定企业中哪些任务由于缺乏关键行为或者关键行为不正确而对企业的绩效有重大影响，这些任务将成为培训的重点。

（二）定义和开发关键行为

在这个环节，需要让具有标准操作行为的员工确定哪些行为是完成任务需要的关键行为，这些行为往往是一组行为动作系列。然后将这些关键行为编写为标准的行为示范动作，这相当于确定教学内容的环节。这些关键行为将按照特定的顺序固定下来，这个过程就是示范演示的过程。将这些标准化的示范行为录制下来是最好的方法。

（三）培训的传递过程

培训的传递过程包括介绍、技能准备和开发两个环节。在介绍环节，培训师通过录像向受训者展示关键行为，得出技能模型的理论基础，让受训者讨论应用这些技能的经历。技能准备和开发环节包括观看示范演示，参与角色扮演与实践活动，接受有关关键行为的执行状况的口头或者录像反馈。

（四）培训效果转化和评估

这主要是由应用计划环节构成。在应用计划环节，受训者设定改进目标，明确可应用关键行为的情形，承诺在实际工作中应用关键行为。提供实践机会是这个环节中重要的部分，受训者通过实践，将有机会演练并思考关键行为，将亲身感受使用关键行为的情景。有效的练习应该是多次提供演练机会，受训者可以与他人一起练习，也可以独自练习。合作学习将有利于受训者克服顾虑和对评估的恐惧，从而愿意投身到学习体验中来。实践练习还应该包括向受训者提供反馈，这种反馈将肯定受训者的正确行为，纠正他们的错误行为，并告诉他们应该如何改进。反馈可以是口头的，但是最好利用录像来进行，这可以降低受训者的"抵赖"倾向。应用计划环节的主要目的是保证学习效果的转移，这个环节让受训者做好准备在工作中运用所学到的关键行为。这时一般来说是让每个受训者准备好一份书面材料，找出他可以应用关键行为的情景，有的培训会让受训者签订"合约"，承诺在工作中应用关键行为。培训师（常常是员工的主管）会对员工的履约情况进行监督。应用计划还可以包括让受训者事先估计在工作中会有哪些因素或者障碍阻止其应用关键行为，他会采取什么措施来克服这些障碍，应用计划还应该约定时间来讨论员工应用这些关键行为的成功经验和失败教训。

行为示范成功的关键之一在于准确地定义关键行为。值得指出的是，如果这个技能是软技能，那么在描述这一技能时就不应该将这些关键行为描述得过分详细。因为软技能的关键行为只能是一种可以适用于多种情形的一般行为。一般来说，管理技能的培训所需要的关键行为都应该侧重于一般技能，这样才有利于受训者将学习到的技能进行"搬家"。

行为示范的优点是：这种培训方法是根据受训者在实际工作环境中将会遇到的情形设计的，可以让受训者在很短的时间内学会某种技能或技巧，并能立即应用于实际工作中。行为示范的缺点在于：可能造成受训者机械模仿所学的关键行为，在实际工作中不会灵活运用。克服缺点须遵循以下步骤。

①让受训者学会一些基本规则，例如在访谈中使用试探方法的重要性。

②观看正确使用关键行为和错误使用关键行为的示范演示（通常通过录像的形式）。

③让受训者练习正确使用的行为和一些动作。

④培训师以及其他受训者要向参与实践练习的受训者提供反馈信息（可以以口头或录像的形式）。

⑤受训者一旦学会，必须将关键行为应用于实际工作中。

行为示范的适用范围是比较宽的，它比较适用于学习某一种技能或行为，例如管理技能（如人际关系的技巧）、某些需要标准化操作的技能（如计算机技能）的培训，不太适用于事实信息的学习。

第三节　实地培训法

实地培训法就是为了避免所学知识与实际工作相脱节的问题，在工作场地进行培训的一种方法。该一类型的方法与前面两种方法都不同，实地培训是将工作和学习融为一体的方法，而前面两种方法都明确地将学习与工作分开。虽然体验法也强调对实际过程的感觉，但是这种感觉是虚拟的，很少是在工作场所中实际发生的。因此，这种体验是一种课堂中的体验，而实地培训的体验是真正的体验。由于实地培训法具有将学习与工作融为一体的特点，它很容易解决培训中的许多根本性的问题，例如学习与工作脱节，学习后获得的 KSAIBs 不能转变为行为等。正因为如此，这一方法在企业培训中得到了广泛应用。实地培训法既包括古老而又为大家所熟悉的师徒制、在职培训，也包括调查法、实习法、职务指导培训、职务轮换、教练法等较新的方法。

一、师徒制

师徒制是一种既有在职培训又有课堂学习的，兼顾工作和学习的培训方法。传统的师徒训练法早在行会制时期就已存在，它没有固定的模式。师傅凭借自己的知识和技能指导徒弟，先给徒弟讲一些基本要点，然后自己示范，徒弟通过观察和模仿获得经验，因而这种培训方法成效迟缓，适用于生产规模小、技术独特的场合，例如技术复杂、要求操作方法应变性强的工种、科学研究的某些阶段等。

新式的师带徒培训方法要求根据学习的技术程度，制订学习计划，并指定专人负责，采用在职培训和课堂培训相结合的方式分阶段进行培训，因而效率大大提高。新式的师带徒培训方法不仅适用于技能行业，也适用于工作结构性差的工作，如经理的管理工作就可以用这种方法。请人们做一个阶段的经理助理，可以在很大程度上提高他们的管理能力。在实际培训过程中，该方法可以与讲座、录像、图形演示、计算机模拟等方法结合使用。

在有的国家，新的师徒制是需要国家或者地方政府相关机构的认证的。例如在美国，通过认证的项目至少应该包括 144 小时的课堂学习时间，包括 2000 小时或者 1 年的在职工作体验。仅仅从学习时间的安排看，这一培训制度类似于职业教育，它所耗费的时间大致相当于获得一个高等教育的学位所需要的时间。这种项目可以由私人公司或者几家公司联合发起。大多数的师徒制培训项目都被用于行业的技能培训，这与师徒制的早期情形是一致的，例如，在管道维修业、木加工业、首饰制造业等。师徒制与在职培训有很大的相同之处。一般来说，师徒制中的基础知识的学习会被安排到一个地区学校中。在学习中，学习者会获得为什么执行及如何执行一个任务的指导，而其在职培训的部分由同意接受学习者的雇主提供。一般情况下，在学习期间，雇主会支付给学习者一定数量的工资，当然这笔工资开支不会与全职员工一样。在职培训是指学习者在工作地点协助一名经过资格认证的资深员工（熟练工人）进行工作，而师徒制中也包括很大一部分在职培训，同样需要遵循在职培训的指导原则。

师徒制这种培训方法，也有成体系的执行和评估模式。在规定的学习期间，雇主要确认学习者是否具备所学领域的基本知识，然后培训者会让学习者演示学习到的全部操作过程的详细步骤，并强调安全注意事项和关键步骤。学习者可以在实际的工作岗位上获得实践这一过程的机会，直到他的操作让人满意为止。这样，学习者才会被认为是完整地掌握了这一技能。在学习结束并通过了评估后，学习者就可以被雇主接受为正式雇员了。

师徒制在其诞生地欧洲的发展是很广泛的。实际上，师徒制本身就是欧洲国家的教育体系中的一部分，学习者通过师徒制获得的知识技能还有学历证明。例如，在德国，师徒制体系确定了三百多种职业，有三分之二的高中毕业生参加师徒制的学习计划，每个职业都有自己的一整套标准和课程安排。政府、企业、劳动者和教育部门分别参与这一制度的不同环节。师徒制对德国等国家的培训做出了很大的贡献，这一制度尤其是在高级技工的培养上有很大贡献。德国产品的高品质，在一定程度上是师徒制的结果。

师徒制的主要优点是：①可以利用企业现有的机器设备和技术力量，从而节约人、财、物等资源。②可以让受训者在学习的同时获得收入，受训者的工资会随他们的技术水平的提高自动增加。③可以与理论相结合，既提高受训者的技能，又提高其理论水平。师徒制是一种被证明有效的培训制度。

师徒制也有其缺点：①培训效果受师傅个人素质的制约。因为并不是所有师傅的经验都是可靠的，他们的知识或技能很有可能不是最优的，但往往连他们自己都未觉察。②不能满足大规模现代化生产的需要。人们不能指望企业所有的员工都由这种方法进行培训，否则效率会低到极点，所以这种培训方法使用范围很狭窄。③时间持续太长，通常需要几年的时间，所以不能保证仍然有合适的空缺岗位留给受训者。

克服师徒制缺点的方法是：采用结构化形式，由资深雇员（经过资格认证）对受训者进行培训。

这一方法的适用范围有限，主要在技能性行业，如木工、电工、车工、管道工、砖瓦工等。

二、在职培训

在职培训是一种新员工或者没有经验的员工通过观察或者模仿有经验的员工或者老员工在实际工作中的操作来进行学习的过程。担任培训者的可以是同事，也可以是上司。在职培训既适用于管理技能的培训，也适用于操作技能的培训。在职培训常常是在学习者工作所在的场所进行的，如果是管理技能培训，可以是他的办公桌；如果是操作技能培训，可以是他的操作台。在职培训是最普遍的实地培训方式。无论是否有正式的在职培训制度，员工都会自然不自然地通过观察来进行学习。实际上，许多企业在进行着一种没有设计、没有结构化的在职培训。

这种没有规划的在职培训就是主管告诉新来的员工，"你坐到李辉然的旁边，看他是怎么做的"。这样的学习不仅没有好处，而且经常成为问题和错误的来源，因为学习者所观察的或所模仿的可能是完全错误的操作。当新员工将这些错误的操作当作"圣经"学到手后，他带给企业的是高错误率和低生产率。

如果将这种学习活动进行规范化，给新员工安排指导者，将学习活动程序化，就变成正式的在职培训了。正规的在职培训的效果会远远超过随意进行的在职培训。在职培训常常是一对一的，也就是说一个学习者可以拥有一个专门的指导者。在职培训与师徒制有密切关系，在职培训是师徒制中的一部分。

结构化的在职培训要求培训者是有经验的、接受过如何进行正确的指导技术培训的员工。一项研究显示，主管、同事所进行的在职培训的效果比培训者所进行的在职培训的效果差一些；这一研究还显示大多数的企业都对将要进行在职培训的员工进行"培训师的培训"，让他们掌握最基本的培训技巧。如果要让在职培训有效，高层管理者应该对这一制度提供支持。

正式的在职培训与课堂教学相比有两大优点：①在职培训能保证更有效地将学习到的成果转移到工作中，因为在职培训几乎马上就能获得在工作岗位上的实践机会，而且由于学习环境与工作环境是同一的，学习效果的转移是很高的。②在职培训降低了培训费用，因为不需要对培训设备进行另外的投入。由于一般都是有经验的员工担任培训师，所以节省了聘请外部培训师需要的费用。

在职培训也有明显的缺点：①培训场所可能由于条件所限，例如噪音、空间等不利于学习。②利用昂贵的设备进行培训可能使设备受到不必要的损害，而且由于培训的干扰，也可能使生产计划或者产品质量受到影响。对于服务型企业来说，当顾客在场时，在职培训可能既使进行学习的员工感觉紧张，也可能使顾客感觉不舒服。③不同的培训者（主管或者同事）完成任务的方式和过程可能是有差异的，因此管理者或者同事在担任培训者的时候可能将不良习惯带到他们的教学中，而学习者还会将这些错误或者不良习惯当成正确的技能，这可能反而使企业面临安全隐患，或者使产品和服务的质量下降。同时，这一方法对培训者的要求是很高的。

克服在职培训的缺点的方法是：将在职培训结构化，按照一定的原则进行在职培训。成功的在职培训是通过观察别人的操作来进行的，因此在职培训应该以社会学习理论为指导进行设计。培训者应该是可信赖的，应该选择达到示范水平的管理者和同事担任培训师，还应该对他们进行相关的培训，使他们在关键行为的示范、与学习者的交流、对学习效果的反馈等各个方面达到要求。一般来说，有效的在职培训包括下列要素。

①在企业制定的政策中阐明在职培训的目的和企业对在职培训的支持。

②明确由谁负责实施在职培训，一般应该由经理人员负责。如果是这样，就应该将这一责任写入经理的职务说明书。

③对同行的其他企业的在职培训实践进行详细考察，包括项目的内容、工作职务的类型、项目的长度、成本控制等。

④按照结构化的在职培训原则培训可能担任培训工作的管理者和同事，不应该让所有的管理者和同事都担任培训师，希望担任培训师的管理者和同事需要提出申请，经过严格的筛选、培训才能获得资格。

⑤为实施在职培训的员工提供详细的课程计划、学习材料、程序手册、培训手册、学习合同、成绩报表等。

⑥在实施在职培训前，考核学习者的基本技能水平。

三、调查法

调查法是让受训者亲自到工作现场对实际事物进行观察、研究，从生动具体的实践对象中开阔视野，接受形象化的启迪，从而验证并掌握所学知识的一种培训方法。它对培养受训者的观察能力具有一定作用。该方法可以与讲授法结合使用，如经济管理和生产管理课程的培训就可以经常组织受训者到一些工厂、企业进行参观访问，增强受训者的感性知识，从而加深其对知识的理解和记忆。大学里的某些专业教师也可以运用此方法经常组织在校大学生（如理工类学生）进行实地参观，深化和发展课堂教育。

调查法的优点是：①具有很强的实践色彩。调查法所调查的对象是课堂上不能演示的，受训者看到的事物处于自然状态中，所以可获得直观、真实、鲜明的印象。②理论联系实际。通过实地调查，扩大了受训者的眼界，使之把学到的理论与社会实践紧密结合起来，并在接触社会生活实际过程中受到生动、深刻的教育，激发受训者的求知欲及参与社会实践的意识。

调查法的缺点是：①调查法不同于一般的参观、旅游，如不根据培训内容需要，没有周密的培训计划，培训就流于形式，只是走过场。②调查到第一手的真实资料有一定的难度。一般情况下，调查对象成绩谈得多、问题谈得少。

克服调查法的缺点的方法是：①在进行调查前一定要明确培训的目的，参观访问要依据培训目的精心组织。②要结合侧面了解的第二手资料做出比较客观的结论。

四、实习法

实习法就是充分利用现有的工作条件，让受训者接触与将来工作岗位完全相同的环境、条件，促进受训者所学理论向实践转化的培训方法。该方法适合于即将毕业的学生、刚刚走上工作岗位而缺乏经验的新手和对某项新任务缺乏能力的在职人员。

实习法与其他实践训练形式相比，更有利于促进知识向能力的转化，但它也有不足之处。实习法要求培训者有较多的工作经验和组织实习教学的经验，要求受训者与工业界及外部社会有密切联系，并且所花的培训经费比较多。

第五章 企业现代培训方法

第一节 多媒体培训

多媒体培训就是将各种视听辅助设备或视听媒介（包括文本、图表、动画、录像等）与计算机结合起来进行培训的一种现代技术。随着信息技术的发展，培训工作逐步告别过去单纯的课堂讲授教学方式，跨进多姿多彩的多媒体课堂。多媒体以计算机为基础，使受训者可以用互动的方式接受学习内容。多媒体培训使得原来抽象、枯燥的知识变得生动、形象，能够更加直观地把培训内容传递给受训者，激发了受训者的学习兴趣和求知欲望，使其更容易接受。这种培训方法将受训者置于"人机"互动的环境中，让受训者通过亲自参与发现问题，系统可以及时进行引导、提供帮助，这就大大加深了受训者对尚未掌握的知识的理解，提高了受训者处理实际问题的能力。最典型的多媒体方式是交互式录像，以计算机为基础时就变成了多媒体光盘。

多媒体培训在对员工进行软件和计算机基本应用技能培训时使用频率较高，在进行管理技能和技术技能培训时也有一定程度上的应用，多媒体技术与网络的结合更是使这一技术获得了快速增长。制约多媒体技术运用的最大障碍是开发费用，计算机化的多媒体培训教材的开发费用大致在 2.5 万美元到 25 万美元，而且培训内容难以经常更新。如果通过运用计算机多媒体而获得的节省（主要表现为差旅费、培训师费用）能抵消开发费用，企业才可能进行这种开发。但是，问题是学习内容需要经常更新，这使得开发费用的回收不太容易。另外，计算机多媒体的培训也不是特别适合人际交往能力的培训，尤其是当受训者需要了解或给出微妙的行动暗示或认知过程时更是如此。

第二节　以计算机为基础的培训方法

以计算机为基础的培训是指，首先由计算机给出培训的要求，受训者必须做出回答，然后由计算机分析这些答案，将分析结果反馈给受训者并提出建议的一种互动性培训方式，它包括一系列的互动性录像、计算机硬件、计算机应用程序等设备。以计算机为基础设计的培训与传统的培训相比，最大的优势在于其互动性。这种互动是学习者自己可以控制的，不是学习者与培训者的互动，而是学习者与计算机的互动。这就相当于让每个学习者都得到了一个"私人教师"，他所获得的反馈是一对一的。学习者可以即时提出问题，而计算机可以即时给出答案。以计算机为基础的高级形式，例如智能化的计算机辅助教学还能对学习者回答问题的模式进行智能分析，根据学习者所犯错误的类型提供个性化的学习指导计划。以计算机为基础的培训与传统培训方法相比的第二个好处是，学习者在学习过程中真正实现了自我学习，实现了自己对学习过程的控制。计算机培训有助于传授知识，便于受训者进行自我控制和自我强化。受训者能按照自己的速度自行安排培训内容，利用设计好的方案检验自己对于问题的理解，并使得受训者能灵活安排培训时间，按照自己的需要随时进行，保证培训具有连续性。这种培训方式可用于指导技术程序和人际交往技能的培训。由于这种培训方式成本低廉，对于规模较小或处于成长期的企业来说，具有极大的诱惑力。

计算机培训的主要形式是计算机辅助教学和智能化的计算机辅助教学，后者是前者的升级、发展。

一、计算机辅助教学

计算机辅助教学的过程是：受训者在特定的软件环境下，通过键盘向计算机提出有关学习项目的请求，计算机接收信息后，通过显示装置向受训者提供其所需要的信息，受训者依此评估自己掌握的程度、了解需要进一步学习的内容。计算机辅助教学软件可以包含各种各样的题目，而且一旦开发出来，成本是很低的。计算机辅助教学软件所包含的内容从基本的阅读和打字，到高级的技术培训、工程设计和机械维护等。有许多软件设计公司专门致力于设计这些软件，因此可以很方便地在书店或者软件商店购买到。当然，调查已经显示，如果光碟不是针对企业设计的，材料的有效性就会打折扣。因此，许多公司也可以根据企业的特殊需要为他们设计特别的项目。而且，企业自己制作这样的软件也不是很困难的事情。据估计，如果制作一小时的学习内容，大致会花费两到十个小时。计算机辅助教学软件与多媒体的结合是一大进步，这使这些学习软件变得更加吸引人。多媒体的平台使学习材料更加生动有趣。由于声音和图像材料常常需要很大容量的储存器，所以经常被刻录成光碟。例如，AT&T 就将过去需要三天完成的导向培训录制到一张光碟内，通过这张光碟可以解释企业是如何组织的，每个部门之间的关系和任务，一个部门如何与另外一个部门发生关系等。

计算机辅助教学软件比传统的培训方法具有如下优势：①具有互动性，它可以根据学习者的水平向他们提供不同层次的学习材料。当学习者掌握了一个部分后，才能进入新的部分。计算机辅助教学可以自己决定进度，这可以使学习者自己控制速度，从而提高自我效能。②易于"流通"，学习者可以在内部学习系统中获得或者从网络上下载学习材料，而不需要亲自到学习场所。③计算机辅助教学本身就带有教学管理功能，能实现指导和教学的管理、记录，自动地将学习者的进度、使用不同材料的情况、学习的成绩和问题记录在案。许多利用计算机辅助教学开展培训活动的企业发现，这是一种能为企业节省不少开支的方法。例如，施乐在利用计算机辅助教学后产生了 460 万美元的收益，安达信也发现利用光碟替代一个原来需要六周的由培训者指导的项目，使公司在设备、旅行、工资等多方面节省了开支。同时，还发现学习者学习同样的内容所花费的时间比传统的培训要少。

对计算机辅助教学的批评主要集中在这种方法缺乏人际交流上。这种交流对学习来说是必需的，例如培训者和受训者之间、受训者和受训者之间都需要面对面的交流。而且有的培训，例如人际技能的培训，也必须在人际交流的环境中完成才是有效的。另外一个批评指出，计算机辅助教学需要学习者有良好的学习动机，否则在没有监督的情况下，学习者可能失去学习的动力和积极性。同时，这种方法对学习者的要求也是比较高的，他们应该没有使用计算机和网络的障碍，否则对他们来说即使有学习动机也不可能完成学习任务。

计算机辅助教学包括以下几种方式。

（一）个人练习方式

个人练习方式的运行过程是：先由受训者掌握某些概念或规则或定理后，由计算机通过一定的程序，向受训者提出有关其所学内容的一系列问题以及某些实例并要求作答，在受训者给出答案后，计算机再给出正确答案，必要时可以做出一定程度的解释，这样不断地强化所有正确的反应，直到受训者达到培训目的为止。这种方式适用于计算机技能的基本训练，语言教学中的基本词汇、语法的掌握，专业基本概念知识的建立，基本规章制度的遵从等。

（二）游戏方式

由于游戏的趣味性能够吸引受训者积极参与、调动他们的学习积极性，因此这种方式已经在实际中得到广泛的应用。尤其对一些原本枯燥乏味的训练内容来说，游戏方式无疑能够收到良好的培训效果。这种方式是通过在计算机上的游戏程序中设计所要培训的内容，让受训者在玩游戏的过程中接受培训。值得注意的是，尽管纯娱乐性的游戏具有很大的吸引力，但必须牢记游戏中培养的技能必须与特殊的培训目标相关联。

（三）模拟方式

这里所说的模拟是计算机化的模拟，对这种方式的另一种说法是虚拟现实。常常是指以计算机为基础开发的三维模拟。通过使用专业设备（佩戴特殊的眼镜和头套）和观看计算机屏幕上的虚拟模型，学习者可以感受到模拟情景中的环境，并同这一环境中的要素，如设备、操纵器、人物等进行沟通。这一技术还可以刺激学习者的多重感觉。有的设备还具有将环境信息转变为知觉反应的能力，例如可以通过可视界面、可真实地传递触觉的手套、脚踏和运动平台来创造一个虚拟的环境。利用各种装置，学习者可以将运动指令输入电脑，这些装置就可以让学习者产生身临其境的感觉。

这种方式可以为受训者提供大量的感性经验，模拟真实的生活情景。例如，练习一些不可能亲身体验的培训内容，一些很难做出的教学经验，具有一定危险性并且练习费用昂贵的培训内容等。模拟方式给予受训者在受控制环境中检验各种假设的机会，这样在操作中既不承担现实世界的后果又不浪费资源。摩托罗拉在高级生产课程上对员工进行寻呼机自动装配设备操作培训时，就采用了虚拟现实的技术。在显示屏上，学习者可以看到实际的工作场所、机器人和装配操作的虚拟世界。他们能听到真实的声音，而且机器设备也能对员工的行动，例如打开开关或者拨号等有所反应。

虚拟现实与一般的非计算机化的虚拟一样，它可以使学习者在没有危险的情况下进行那些可能具有危险性的操作。研究显示，在工作任务比较复杂或者需要广泛地运用视觉提示的情况下，虚拟现实模拟培训是最有效的。虚拟现实的环境与真实工作的环境没有太大的差异，而且虚拟现实可以让学习者进行连续性学习，还可以帮助学习者增强记忆。但是虚拟现实也不是没有缺点。设备和设计方面的问题都可能使学习者所获得的感觉是错误的，例如空间感是失真的、触觉的反馈不佳，或者感觉和行为反应的时间间隔不真实等。由于学习者的感觉被扭曲，他们可能会出现被称为模拟病的症状，包括恶心、晕眩等，也可能使学习者回到现实工作场景时把握不住真实世界的空间和时间。

（四）考试方式

由培训者把经过反复论证可用于考试的问题输入计算机中，建立试题库，由受训者在试题库中随机抽取上机答题，然后由计算机根据早已拟定好的标准答案进行评定，确定答题者的不足之处，并安排在下一次培训中重点进行解答。

二、智能化的计算机辅助教学

智能化的计算机辅助教学运用了人工智能进行指导。使用者在自己的界面能与系统进行互动式的沟通。在进入系统后可以进入专家领域，从某个虚拟的专家处获得如何完成任务的信息。专家系统是根据专家多年来对知识、技能和能力的积累开发出来的，专家系统具备某个领域的事实资料、图表和规则的知识库，还应该具备决策能力，可以模拟某个专家的推理，并可从事实和图表中获得信息。学习者也可以进入受训者模型领域，通过完成测试来确定自己的水平。在进入培训管理领域时，则可以报告自己的学习行为，汇报学习成绩和结果。系统会自动提供指导，学习者将知道自己下一步应该做什么。在情景发生器的界面里，则可以对问题的难度进行评价。智能化的计算机辅助教学在灵活性和定量化地测量学习者的绩效方面超越了计算机辅助教学。一般的计算机辅助教学可以让学习者从几个水平的学习材料中选择一个适合自己水平的材料，例如初级、中级和高级；

而智能化的计算机辅助教学却可以做到在学习前对受训者进行测试，根据学习者对计算机所问的问题的回答的错误程度来确定学习者的能力。智能化的计算机辅助教学，更像是给学习者请了一位电子化的"老师"。这个老师会为学习者提供个性化的学习建议，鼓励他所进行的学习实践，通过测验来刺激学习者的学习动机和好奇心。对于具有创造性的学习者来说，这种方法能提供个别的指导。训练可以让受训者在人造的环境中灵活地运用技能，更好的智能化的计算机辅助教学甚至允许学习者自己开发培训项目的内容。

智能化的计算机辅助教学项目比一般的计算机辅助教学项目开发起来更难，也没有那么多可供选择的项目。但是，智能化的计算机辅助教学的潜力是巨大的。对于技术培训和高级技能的培训，这是最有效的方式。例如，可以在这样的系统中训练学习者对高度复杂的系统，例如航天器进行维修。这一系统之所以有效是因为它能将某些特殊领域的专家的经验智能化，将他们多年积累的知识、技能、能力，尤其是经验智能化。

智能化的计算机辅助教学的发展得益于人工智能技术的发展，这一技术能将人的思维过程固化成程序，输入计算机。人工智能技术使智能化的计算机辅助教学的前景一片光明。这一技术使计算机能用自然化的语言与学习者交流，加深了对学习者的了解，而且计算机还可以从学习者那里学习到东西，对系统进行自我改进。考虑到现代计算机科学的飞速发展，无论硬件还是软件、无论人工智能技术还是知识工程（研究如何设计和组织信息以更有效地将知识呈现出来的新兴学科）的发展，可以使人们大胆地预期，智能化的计算机辅助教学将在不远的将来获得全新的发展。当然，这也离不开网络技术的发展。

第三节　e-学习在培训管理中的应用

从 20 世纪末到 21 世纪初的第三次科技革命是以信息技术为核心，包括微电子、通信、电子计算机、人工智能、光导、光电子等一系列高科技的大发展。互联网的出现及奇迹般的发展第一次将全世界连接在一起，把人类社会带入了一个全新数字化文明时代。正如荷兰学者德普雷和蒂森所说的那样，我们正跨入一个由零主宰的时代。在传统经济中，零代表无意义；在知识经济中，零代表一切。

以网络为显著特征的零空间、空间共享,摧毁了所有分割行业、市场和地域的界限。人们开始用"e-"构词法来描述和交流未来生活的情境,如 e-commerce、e-business 等。正是在这样的背景下,e-Learning 得以兴起和发展,这是人类学习方式、观念转变的最重要的标志之一。

中国对于 e-Learning 的翻译目前主要有以下几种:网络学习、电子学习、数字学习和在线学习等。每一种翻译都从不同角度表现了 e-Learning 的特点,我们不对其做出具体区分,笼统称为 e- 学习。

在 e- 学习的实践过程中可能出现两种倾向。一种是已经引入 e- 学习技术和资源,而人们的学习观念仍停留在传统学习阶段,或者仅仅是将传统学习资料放置在网上,便觉得就是 e- 学习。另一种是认为 e- 学习无非就是利用了网络技术的一些优势,除此之外并没有什么特殊之处。造成这种现象的最主要原因在于人们对于 e- 学习的概念或者实践价值缺乏清晰的了解,因此在国外相关研究基础上总结和介绍 e- 学习的概念及实践价值对于避免这些倾向进而研究、实施 e- 学习是非常必要的。

一、e- 学习概念

广义的 e- 学习是指运用电子技术进行的学习行为,包括通过各种电子媒介(如因特网、内部网、外部网、卫星广播、视听录像带、互动电视、多媒体光盘等)发送教学。从这种意义上来说,e- 学习已经有几十年历史了。

目前的 e- 学习主要是指狭义的 e- 学习,狭义的 e- 学习概念大约是在 1998 年提出来的,正如亨利在 2001 年的文章中表达的那样"大约 18 个月前该术语还没有被创造出来"。根据弗赖尔的观点,以网络为基础的学习有三种类型:桌面指导、在线课堂和超交互模式。该观点将狭义的 e- 学习与以网络为基础的学习对等。罗夫却认为这种分类和术语没有被普遍采纳,以网络为基础的学习仅是第一种类型,第二类是在线学习,第三类是虚拟教室。维特洛克指出只有"e-Learning"才能涵盖三个分类的术语。从这个角度来说,狭义的 e- 学习与以网络为基础的学习并不完全相同。

e- 学习的理论内涵突出地表现在这几方面:① e- 学习利用现代网络技术手段传送,分配信息、知识给学习者。②在 e- 学习条件下,信息、知识得以及时更新,学习者的自主作用得到充分体现，学习的随时、随地和随意性都得以增强，是现代条件下的自我学习方式与网络技术结合的典范。③在 e-学习条件下，技术条件很重要，信息技术只是一种工具和手段，所能改变的只是知识交换的渠道和储存系统。若是人们不重视对新技术的运用，则技术本身既无法创造知识，也不能保证或促进知识的形成或共享。④e-学习的真谛在于学习本身以及通过学习产生的巨大变革。正如亚历山大的研究发现，仅仅依靠应用信息技术本身并不能改善学习，新技术的应用通常被认为是技术改革，但是真正的改革在于学习和教师的指导活动以及培训教育组织的理念的变革。这给人们理解 e-学习指明了方向，即 e-学习需要相应的技术，但最重要的并不是 e-技术，而是学习观念和思想的变化。

二、e-学习的实践价值

据统计，作为 e-学习发源地的美国，通过网络的进行学习的人数正以每年300%以上的速度增长。1999 年，超过 7000 万的美国人通过 e-学习方式获得知识和工作技能、技巧，超过 60% 的企业通过 e-学习方式进行员工的培训和继续教育。据美国培训与开发协会预测，越来越多的企业将采用 e-学习培训，e-学习正成为知识经济时代的正确抉择。人们对 e-学习的认识也逐步增长。某权威机构对北美的市场调查表明，有 94% 的机构认识到了 e-学习的重要性，有 85% 的企业准备继续增加对 e-学习的投入，而 54% 的企业已经或预备应用 e-学习来学习职业与商务技能，雇员在 1000 人以上的企业中 62.7% 都实施了 e-学习。

e-学习的现在应用以及未来的可能应用充分说明了 e-学习的价值及潜力。我们在 e-学习理论内涵以及相关组织实践基础上进行总结，认为 e-学习的实践价值主要表现在其成本—效率、服务特点、速度特点以及可持续性方面，正是由于这些方面使得 e-学习在企业实践中得以广泛应用。

e-学习的成本—效率首先表现在相对于传统的非 e-学习来说，e-学习少了一些花费项目，如不需要花费旅途、课堂指导、管理控制等相关费用，减少传统培训时所需的教室等资源，免除因员工流失而增加培训资源于新员工身上，使现有培训资源得以充分利用。尽管 e-学习在其他资源和设施方面的投资较大（如网络建设和电脑等设施），是传统学习投资的 1～3 倍，但由于在信息交付方面节省较多，大多数情况下，对于 e- 学习方面的最初投资在第一年内就会得到回收。其实，相对于传统学习来说，e- 学习资金节约的最大部分不是授课成本、旅游成本和生活成本，而是机会成本。例如当雇员接受传统培训时，其工作岗位可能由其他人代替或空缺，此时个人的生产力是零；而在 e- 学习中，员工学习的随时随地性减少了其离开岗位的可能性。更重要的是，e- 学习的随时随地性和规模可变性，使人们可以在任何时间、任何地点执行 e- 学习计划，学习人数增多也不需要追加成本和时间。对于大量学习者来说，平均每个人所需要的学习成本较低。

其次，e- 学习的成本—效率特点还表现在能促进知识及时更新、单位产品成本降低和个人平均学习成本降低等方面。e- 学习能使员工更好、更快地接受新知识，进而符合时代发展、技术更新、企业变革和市场多变的需要，提高知识更新频率。由于 e- 学习的个人化设计，学习者可以按其自己的特点安排学习进度，跳读自己知道的材料，而不会像传统学习那样可能由于知识、信息的过时导致延误知识传授、占用更多成本，还可以也减少因知识、技能过时使产品生产效率降低或服务水平下降、顾客忠诚度降低、市场份额下降而导致企业利润受损的可能性。e- 学习发送的学习方法对于提高员工学习能力和知识应用能力具有很好的促进作用，有利于员工终身学习，从而能使员工终身受益。在企业中易形成持久的学习曲线，即在生产过程中，产品的单位成本随着企业学习、积累知识和经验而降低。

根据相关数据得知，那些实施了 e- 学习的企业可以节约 40% ～ 50% 的培训费用，员工用于学习的时间可以压缩 40% ～ 60%，学习效果反而更高。从 1999年 8 月起，思科就把 80% 的内部培训内容用网上培训的方式实现，结果节省了60% 的培训开销。

在服务提供方面，e- 学习与营销服务一样，具有无形性、不可分性。除此之外，e- 学习还具有独特性。

① e- 学习服务是因变量和自变量的结合。一般情况下，e- 学习服务不会轻易变化。而当外部因素变化时，e- 学习会及时更新以满足柔性要求，如在知识、内容、信息更新的条件下，e- 学习的服务会顺应要求及时现代化；或者在企业内外部环境变化、企业组织结构变革、基本战略变化、企业文化变革等情况下，e-

学习计划需要重新开发和制订。否则，发送的学习信息都是一致的，不会因个人的意志而变化。但是由于 e- 学习方式的应用，将影响员工的培训、开发方式，因此对于企业培训来说，e- 学习又是自变量。

②e- 学习服务的柔性，主要表现在这些方面：服务信息的更新、提供、反馈、共享的及时性；服务的空间虚拟和时间的弹性，跨越空间，不受时间、地点的制约；服务内容的一般性与特殊性，不受学习者个人特点的限制，将一致化和定制化相结合，使服务对象扩大化；服务对象的自主性，即对服务信息、内容、时间、地点、学习过程的自我选择和自我管理。

③e- 学习服务的不易消失性。e- 学习内容信息通过网络提供，虚拟空间存有 e- 学习的信息内容，是智力资本（信息和已掌握的能力）的储存场所，只要企业员工通过互联网或内部网就能得到相关服务。而且，员工可以通过其他资源，与其他受训者一起分享信息，并将自身知识和对培训的感悟储存到数据库中，从而为其他雇员提供帮助。

④e- 学习服务的可利用性。虽然网络空间是虚拟的，e- 学习对于需要的人员具有可利用性，而且很容易利用、很方便，使学习者能随时、随地进行学习。但其前提应该是 e- 学习的质量，包括辅助设施，如果设备过时，如低速的调制解调器，或者基础设施不可靠，其服务的可利用性将会受到影响。

e- 学习的速度特点：①开发速度快。e- 学习初创和运行快。②交付速度快。借助互联网或内部网的优势，e- 学习内容、信息能快速发送给每个需要其内容的人。在传递相同数量信息方面所花费的时间比传统学习少 25% ~ 60%。企业学习者只需要利用手边的电脑上网即能进行学习。③转变速度快。e- 学习随着企业内外环境的变化或知识信息更新，应分配新信息或修改信息的需要而转变的速度快，即能及时更新内容，满足现代化的要求，这也是 e- 学习的最基本的标准之一。

e- 学习的可持续性。e- 学习成为一种学习形式，逐渐形成了自身的教育体系，成为企业投资于教育的楷模，其持续性的特点表现在促使员工持续学习。

e- 学习的全员性。在 e- 学习条件下，充分利用互联网和内部网等现代技术，人们可以在不同地点甚至不同时间解决同一难题，共享信息，提高雇员参与率。

e- 学习的重复性。员工可以重复学习新技术、新知识，了解整个生产或服务过程及各部门之间的关系，提高系统理解力，同时不断革新并输送高质量的产品及服务，提高创新能力，有利于延长学习者保持知识、技能或行为方式的时间。

e-学习的适应性。首先，防止知识过时，努力培育适应时代要求和企业要求的新人，以适应时代发展、环境的变化，适应社会需求；然后，学习者在e-学习中的自主性保证了学习目标与自身行动的紧密相关性，也保证了个人发展和企业发展的相互适应性；最后，信息一致化和定制化使学习计划、方法和内容适应学习者的具体要求和组织的创新目标。

e-学习的超前性。学习者信息的及时反馈和内外环境变化信息的及时收集和处理，成为开发e-学习计划和预测未来学习要求的基础，可以更好地针对组织和个人发展现状和可能出现的问题进行具有针对性、预见性和超前性的培训开发，为企业准备足量的人力资本和必需的人力资本，为个人职业生涯发展和企业持续发展做出贡献。

当然，e-学习并不是十全十美的，也存在一些不足之处，比如不是所有的学习都能通过电子发送，尤其是当学习者需要了解或给出微妙的行为暗示或认知过程时更是如此，这就限制了e-学习的使用。确定什么地方运用e-学习和什么地方不适合e-学习是最重要的决策之一，而且e-学习对员工的自我管理和控制、自我效能要求高。同时，对于学习者来说往往存在判断的问题、伦理的问题和距离的问题。因此，在理解和实施e-学习时需要充分认识到其优点和不足，发扬其好的方面，克服其不利之处。e-学习的不足之处也隐含了一层意思，即在这些方面也需要通过传统学习来弥补，而不能完全抛弃传统学习。

虽然广义的e-学习方法，如电视会议、多媒体光盘也在中国企业得到了应用，但目前通行的e-学习概念对于中国企业来说还是比较生疏和新颖的。不过，中国企业引入e-学习有比较好的氛围。就宏观方面来说，"科教兴国"战略的实施，"素质教育"的大力推行，为e-学习的兴起创造了良好的社会环境；通信行业的迅猛发展、网络的普及，为中国的e-学习提供了坚实的技术基础。

三、运用e-学习应该注意的问题

从组织层面看，应该注意两方面的问题，一是技术的引入方如何实施和体现效果。影响e-学习实施的组织因素有频带宽度和可利用性。技术发送的质量和开发有效的学习、教学将是组织实行 e- 学习的关键问题。e- 学习将会由于下列原因而失败：运用特殊的信息技术，没有充分考虑适当的学习设计；软件开发没有适当计划；不能获得版权许可，基础设施的建立是强调的比较多的方面。二是技术的提供方如何进行良好的技术开发和服务。从供应商角度看，e- 学习的成功是建立在共享信息、发送服务和企业与顾客、供应商进行交流的内部网和因特网的成功之上的。实施 e- 学习的企业和战略联盟需要从以下几个方面努力提高绩效才能保证 e- 学习的成功，包括课程设计，课程内容，使用的便利性，使用者投入，合作在线社区，集中化的跟踪，规模性的技术和与组织活动的整合。

从人员层面看，应该注意学习观念的更新问题，这既包括学习者也包括培训者理念的转变。

在学习者方面，他们首先应该树立自我学习理念。在 e- 学习条件下，学习者是对自己学习过程负责的所有者和管理者，需要自我管理（管理内容，包括社会环境、资源和行动）与自我监督（学习者监督、评估和管理他们的认知学习战略）。其次是终身学习理念。美国教育部 2000 年度《教育技术白皮书》对此做了特别强调。再次是个性化学习理念。e- 学习有力地促进了受训者的个性发展，能满足不同的学习需要，创设引导受训者主动参与的教育环境，使受训者的学习积极性、独立性和自主性大大增强。受训者接受教师传授的统一的学习方法将被个体化和个性化的学习方法所代替，以应试为目的、以学科为中心的教育模式，逐步转变为以受训者个性发展为目的、以受训者的主动探索为中心的教育模式，这一点几乎是每个研究 e- 学习的学者所强调的。从这些角度出发，了解学习者的需求心理以及学习障碍的消除，促进学习观念的转变，也是 e- 学习研究中需要关注的部分。

在培训者方面，应该转变教学者的控制心态。e- 学习条件下，教师主要是利用网络工具协助员工学习，帮助员工获得学习资源，指导学习者制定自己的目标和选择愿意学习的内容，教导学习者与设定目标、制订计划相关的技能，检查学习者对自己学习状况的评估等，这也是每位研究者应重视的方面。

第六章　企业员工培训课程开发与实施

第一节　企业员工培训课程的开发

一、培训课程的开发概述

培训目标必须转化为具体的培训内容和培训程序，才能被执行和运用，这种转化过程就是培训的课程设计和内容开发。培训的目标再明确，如果不能合理地转化为培训的课程就无法组织实施，培训的目标就不可能实现。因此，培训的课程设计和内容开发既是对培训目标的贯彻，也是为培训的具体实施做准备，在整个培训过程中起着承上启下的作用，是整个培训过程成功与否的重要环节。

（一）培训课程设计的原则

组织员工培训与一般的学历教育不同，这是由成人的特点决定的。因此，培训课程设计和内容开发应遵循相关性、以能力为中心、前瞻性、针对性、经验共享和最优化的原则，使开发的课程适应成人的需要。

1. 相关性

相关性原则是指培训的课程设计应与人们所从事的工作内容相关，可以围绕胜任力模型所要求的胜任特征进行课程开发。一方面可以根据胜任力模型设计培训总体框架，另一方面可以根据胜任力差距分析来开发培训课程内容，使设计的培训课程和开发的培训内容与组织持续发展的实际情况密切相关。胜任力模型是指特定群体或个体完成某一岗位工作所必须具备的素质和要求，包括知识、技能、能力、心理和身体素质等方面。

2. 以能力为中心

组织培训的目的在于改变受训者的态度、提高受训者的能力。以能力为中心的培养目标就是通过培训提高员工的整体素质，促进员工的全面发展。以能力为中心的原则要求在培训课程设计时做到：一是打破学科界限，不按学科体系设置课程，而是应以问题为向导，按能力要求和存在的差距倒推来设置培训课程；二是培训课程设置中要设计必要的问题环节，让学习者去面对问题、解决问题，提高学习者解决实际问题的能力。因此，在培训课程设计和内容开发中，应安排实际工作经验交流、问题研讨、案例教学、拓展训练等内容，使受训者的能力在学习中得到提高。

3. 前瞻性

培训课程设计的超前眼光和创新思维是组织从现实需要为主转变为引导组织变革为主的重要举措。组织的生存和发展不能墨守成规，而是应以积极的态度去创新。组织创新的基础就是要打破员工原有的思想观念，改进技术、技能水平，摒弃组织发展中不合理的东西。组织成员新思想、新知识的注入要靠前瞻性的培训，培训课程设计和内容开发的超前眼光与创新思维是创新人才培训的保证。培训的课程设计和内容开发只有着眼于未来，才能打造组织所需要的人才，适应组织创新发展的需要。

4. 针对性

针对性原则是指针对不同的培训目标、不同的培训对象，设计不同的课程，安排不同的教学进度，选择不同的教学方法和教学媒介。作为成人的学习者，各自的知识与技能参差不齐，要使受训者在较短的时间内获得较多的知识和能力，达到预期的培训效果，课程设计者要掌握成人学习者的特点，了解他们的兴趣和需要，激发其主动参与培训的热情。所以，在培训课程设计和内容开发中，要把学习者的个人意愿同组织发展、创新相结合，既立足于组织当前的实际，也面向组织未来的发展。在培训实施过程中，根据学习者知识、经历、背景的不同，分成不同的组别，制订不同的教学方案，开展个性化培训。培训方案是否具有明确的目标，是否适应特定学习者的需要，是衡量培训设计成功与否的关键指标之一。

5. 经验共享

每一位具有实践经验的人都掌握着丰富的素材，将这些素材精心组织起来就是生动的案例。在成人培训中，学习者不会停留在理论培训和现有案例上，他们会在培训教师的启发下，结合授课内容发表自己的意见，通过联想发生在身边的案例来说明问题，提醒他人重视所学的内容。因此，在培训课程设计和内容开发时，应把学习者视为一种教学资源来开发，做到师生智能互补、经验共享。经验共享原则要求在培训课程设计时，应安排足够的时间让学习者相互交流。教师应该找出学习者共同关心的问题，营造一种和谐、开放、宽松的氛围，让不同的经验得到交流；教师应当正确引导和努力挖掘学习者的经验资源，并充分利用这些资源为他们的学习服务，做他们的引导者；教师还应当对这些经验进行系统的归纳与总结，与现代企业管理基本理论相结合，上升到理论高度后再引入教学，启发学习者的思维，引发进一步的创新。

6. 最优化

最优化原则是培训课程设计的中心指导思想，是培训课程设计所要解决的核心问题。20 世纪 60 年代，系统方法的建立和发展，大大推动了最优化思想的研究，越来越多的教育和培训专家致力于探讨教学最优化问题，即帮助教师寻求完成复杂教学任务的捷径。培训教学最优化，其实质是探索在培训教学中如何花费最少的时间获得最好的效果，而要达到培训教学的最优化必须考虑在培训过程中抓住最主要、最本质的东西，如正确分析培训对象特点、科学设置培训课程、合理安排教学进度、有效选择教学方法与教学媒介等。

（二）培训课程开发与设计的内容

培训课程开发与设计的内容，也就是培训课程不同要素的组合。在进行课程设计时，根据课程总体的宗旨要求，通过对这些要素的不同选择和不同处理，可以设计出各种不同的课程。一般来说，常用的课程要素包括十一个方面。

1. 课程目标

课程目标要根据环境的需求而定。课程目标提供了学习的方向和学习过程中各阶段要达到的标准，它们经常通过联系课程内容，以行为术语表达出来。最常用的有"记住""了解""熟悉""掌握"等认知指标，至于"分析""应用""评价"等较高级的认知行为目标，显然也是可以表达出来的。但是，根据教育目标分类学理论，在情感领域中的目标，如价值、信念和态度等，虽然可以在课程的设计中设法表述出来，但在实际中常常被忽略。

2. 课程内容

在课程内容组织上，有两点尤其重要，这就是范围和顺序。范围是指课程内容在水平方向上的安排，顺序是指课程内容在垂直方向上的组织。范围要精心地限定，使内容尽可能地对学员有意义并具有综合性，而且要在既定的时间内安排。顺序要合理安排，符合受训者的学习习惯和课程的内在逻辑联系，课程内容可以是这个职业领域内的概念、判断、思想、过程或技能。

3. 课程教材

教材要切合学员的情况，提供足够信息，并且以精心选择或组织的有机方式将学习的内容呈现给学员。在学科课程中，教材是最常用的，也几乎是必备的。在教科书的选择上，主要是内容要丰富，针对性、实用性、操作性要强。

4. 课程模式

课程模式主要指的是学习活动的安排和教学方法的选择，旨在促进培训者的认知发展和行为变化。这些安排和选择要与课程明确的或暗含的目标和方向直接相关。好的执行模式能有效地体现课程内容，并采用配套的组织与教学方法。

5. 课程策略

课程策略也就是教学策略，常常作为学习活动的一个内在部分，与学习活动有同样的目的。一个被普遍运用的教学策略是"判断—指令—评价"。在这一策略中，教师分析学员的学习进展情况，判断他们遇到了什么困难，对学习的下一个步骤做出指令，当学员完成指令后，教师做出评价，确定他们是否掌握了课程设计的学习内容。

6. 课程评价

对课程目标与实施效果进行评价，用来确定学员在多大范围和程度上掌握了学习内容，在何种程度上达到了课程的行为目标。学科课程的评价重点放在定量的测评上，衡量可以观察到的行为。例如，在报告学员的学习状况时，常常用诸如 A、B、C、D 等人们假定能表明某种程度成就的字母等级来表示。

7. 教学组织

除了集体授课制以外，分小组教学也经常被课程设计者采用，分组教学为"因材施教"的个性化教学提供了某种可能。

8. 课程时间

课程时间要体现短、平、快。课程设计者要巧妙地配置有限的课程时间，教师要使学员在整个课程执行期间积极地参与学习活动，把课堂时间看成是最有价值的。

9. 空间

这里的空间主要是指教室，还有一些特殊的空间，如图书馆、实验室、艺术室、研讨室、调研场所、运动场所等。

10. 学员

考察学员的学习背景与学习能力。

11. 执行者

理解课程设计思想的主持人和教师。

二、培训课程开发与设计

（一）成人学习特点对培训课程开发与设计的影响

企业培训教育不同于普通的学校教育，培训教育是成人教育。因此，成人学习的特点会影响培训课程的开发与设计。

1. 成人学习的特点

成人学习的特点是关于成年人如何处理学习，成年人学习的优先秩序是怎样的，促使成年人学习的因素是什么，以及最适合成年人的技术是什么。许多书籍、文章和网站都专门介绍成人学习方面的理论，成人学习理论是在满足成人学习这一特定需要的基础上发展起来的。人们发现，成人学习的特点如下所述。

（1）成人的学习动机

所谓动机是指个人内在的心理过程，它在一段时间内驱动、指引和保持着个人的某种行为。基本上，个人的需要和意向将影响其动机，从而影响其行为。成人学习与儿童学习的动机有着明显的不同，而将动机的概念应用到成人学习方面，就是要探讨激励成人学习的动力有哪些？当然，促使成人学习的因素有很多，但总结起来主要有两个因素：满足兴趣和有利可图。

受兴趣驱动的学员希望学到更多的知识，因为这个课题极具挑战性，能够消遣解闷，或者就是能够满足好奇心。

受利益驱动的学员意识到，了解关于某项目的知识或具备处理某项目的能力可以使学员得到自己希望得到的东西，成为自己希望成为的人，或者达到自己希望达到的目标。这种利益一般包括：获得或维持一定的社会地位；迎合外部期望，比如老板、亲人的期望；专业的发展，即为获得个人的更进一步的发展而进行的专业领域的学习；社会福利，即提高服务社会的能力，提高参与社区及团体活动、工作的能力。这种来自社会的、外在的、功利性的学习压力是促使成人学习者保持积极学习状态的主要动机。

（2）成人的学习风格

①具有自我导向和自我观念的学习。成人在学习过程中，成人学习体现出与传统全日制学习不同的策略和取向，即成人学习是一个在环境分析的基础上针对自身实际的选择性的学习过程，能自我决定、自我负责，并期待他人将他看作成熟的个体，体现了自我导向式的学习特征。

②注重个人经验、强调实用性的学习。在个体自我导向作用下，成人学习者选择了自己认为最合适的学习方法，在保证实现最终目标的同时，将注意力集中到"是否有兴趣学、学多深"的问题上。而这个判断标准，则是依据个人已有的知识经验。具体来说，在学习方法上强调理论结合实际，而是否能将学习内容应用到实际中，是否改变个人思考和信念，则是成人确定"我是否学到东西"的主要标准。成人丰富的经验是其学习的重要资源，不同的成人经验也会造成成人团体的异质性。

③学习准备与发展任务的改变密切相连。当成人想要了解某些事情并以工作为解决生活问题的手段，即有学习的准备；当成人从一个发展阶段转换到另一个发展阶段且引起发展任务的改变时，往往是学习的重要时机。因此，学习准备与发展任务的改变相配合，是相当重要的。

④以问题为中心的学习取向。为了适应社会和生活变化，提高自己的适应能力和履行职责能力，成人明确的学习目的使得成人在学习中表现出以解决当前面

临的问题为核心，追求学习的有用性和实效性。当成人把学习到的新知识、技能、价值、态度运用到日常生活中时，效果最佳。

⑤学习动机多来自个体内在的力量。不同于儿童的学习动机，成人的学习动机大多来自内在的压力，如提升自我、提升生活品质等。

2. 开发适合成人学习的培训课程

培训课程开发人员通过向学员提供他们渴望学到的知识激励他们学习，而且他们还把知识划分成适当的量，这样学员就可以充分理解他们所学的知识。在培训课程的开发与设计中，可以采用下列策略引导成人学习。

（1）了解自己的学员

成人学员可能会质问，培训会给他们带来什么好处，所以课程开发者需要了解他们为什么需要接受培训，培训会对他们起到什么作用，以及不接受培训会对他们造成怎样的影响。

（2）解答学员关注的问题

如果课程的内容没有涉及成人学员所关心的问题，或者说没有涉及他们的工作绩效，那么他们就会失去耐性。课程的内容应该解答他们普遍关心的问题，如果学员不知道应该提出哪些问题，那么课程内容中应该涵盖他们必须明确但现在又不得要领的问题的答案。

（3）处理限制学员成功的情况

学员在学习课程的过程中，会遇到一些困难，作为培训者必须能够识别，而不是掩盖或忽视那些导致学员感到举步维艰的情况。

（4）指导学员如何克服障碍

这意味着必须明确学员所面临的障碍是什么，对其他人奏效的解决方案是什么，以及学员怎样才能制订出对自己有所帮助的解决方案。

（5）以学员的现有知识为基础

如果学员对课程的主题和问题很陌生，那么他们怎样才能将课程的内容付诸实践？如果没有培训者的衔接，学员根本就无法学习。因此，培训者应该运用实例、模拟和结构化的学习经验来开发课程内容，从而引导学员从熟悉的课题过渡到不熟悉的课题。

（6）解决现实的问题

培训者应该向学员提供用来解决他们普遍面临的或最有可能面临的问题的实例，这就要求所开发的课程内容既具现实性又具可信性。

（7）给学员相互交流经验的时间

许多成人学员都希望采用一种非正式的交流形式，即利用网络与课程开发者沟通，以及解决问题。如果培训课程没有提供此类机会，学员可以利用休息或课后的时间，以非正式的形式进行沟通。如果课程中没有设计交流经验的环节，那么培训者可以在课程评估表格中列明此项需求。

（8）删除学员无须了解的课题

课程内容必须与学员的工作、区域和工作实践相关。培训课程不同于教育课程，教育课程的理论、概念和资料与实际应用并无直接联系，而培训课程则应该与实际应用息息相关，应该将学员不需要的课题剔除。

（二）确定教学策略

教学策略就是一套让学员经历各种教学环节的系统计划，以便帮助他们获得口头信息、建立认知策略、提高智力技能或动手技能、改变他们的态度，它是建立在对学员在学习过程中必须要完成的作业进行分析的基础上的。确定教学策略的目的在于做一个整体规划，对于如何有利于学员学习的问题有一个概念。

1. 形成教学策略的构想

（1）基于学习与教学实施哲学理念的教学策略

一些教学设计师认为，所有的学习都只是接受过程的结果，这种观点导致了解释性教学策略的产生；另外一些教学设计师认为，所有的学习都是学员发现过程的结果，这种观点导致了体验式教学策略的诞生。

信奉解释性学习观点的行为主义者认为，学习是以沟通过程为中心的，学习是在学员无法控制的环境因素中实现的，而教学则是一个巧妙操纵这些因素来达到预期结果的一个过程。学员只有接受、理解、运用别人提供的信息并按照这些信息采取行动，学习才能达到应有的效果。因此，学员只是教学信息的接受者，教学设计者或者讲师才是这些信息的主动传递者。教学设计者在这样一种教学策略中应该：①向学员提供信息；②检测学员的记忆或对信息的理解程度；③给学员练习或运用这些信息的机会；④向学员介绍如何利用他们所学的知识来解决实际问题。

信奉发现性学习观点的人们认为，学习取决于个人。受学员智力情况的影响，通过对学员无法控制的外在环境因素的控制所获得的学习远远少于学员本身通过内在的洞察力、思考与经历所获得的学习。采取发现性策略教学应该注意：①为学员创造一些机会，以便他们获得重要的体验，并对这些体验进行观察和反省；②就这些体验向学员提出问题并观察学员的反应；③帮助学员就普通的原理及他们经历过的情感体验加以思考；④为学员创造一些机会，以便将所学的知识运用到解决实际问题上。

（2）基于教学活动的教学策略

此教学策略是以教学活动和学习环境为基础。在这个意义上，教学策略是以假设为基础的，即在原定的教学活动中会发生什么事情或者应该发生什么事情，教学活动要指导的是怎样的一种学习。因此，在选择教学策略时，教学设计师应该首先确定教学目标，以便确定他们所要实施的学习类型，然后根据学习的类型来确定采用怎样的教学策略。

2. 选择教学策略

要选择恰当的教学策略，就必须考虑学员的特点、所要达到的学习效果、学习和工作的环境以及教学设计过程中面临的各种制约条件。如果学员缺乏经验，基于解释性的教学策略往往最有效；反之，应选择发现性策略。如果是在职培训，采取解释性的策略是最有效的方法；如果是其他的培训，发现性策略往往是最有效的。

按照跨文化学者格尔特·霍夫施太德的观点，在教学策略选择时应该考虑四个因素，即权利差距、任务倾向、个人主义、回避不确定性。例如，在权利差距比较大的国家，人们十分重视人的社会地位，遵循非常传统的教师—学生式关系，并且对这种方式习以为常。

奥登沃尔德就跨文化教学设计提出了六点建议：①提供机会以便学员将学习材料运用到自己的文化环境中；②注重学员的意见反馈；③若教师和学员的文化背景不同，就应该寻找利用不同文化优势的机会；④对某个文化背景下的学习与工作敏感；⑤了解当地的情况和技术；⑥在培训前，向学员了解其对于培训题目的文化含义的见解，以便建立一个文化参考框架。

（三）培训课程设计的基本流程

培训课程开发与设计的程序，是培训课程开发与设计的实践操作模式，是整个课程设计的核心环节。描述培训课程开发与设计流程的商业性和学术性培训开发模式层出不穷，但是各种模式都是用相同的任务来反映一个学习理论，或把这些课程结合起来并冠以名称，不同的只是包装而已。在培训课程开发与设计中，应该采用系统化的方法，以保证课程的组织、结构和教学整体的合理性。

培训课程设计从属于教学设计，只有在总体教学设计框架完成时才能进行更为细致的课程设计。针对不同的培训对象，培训教学设计的具体方法和步骤可能会有所不同，但其基本内容是一致的。

1.培训课程目标的确定

任何培训都不是盲目的，不是为培训而培训的。培训的目的只有一个，那就是保持和提高员工绩效。有些销售代表因表现优异而得到公司的培训"奖励"，如可以参加主管的培训，其实这是个错误。培训不是奖励，而应该是公司计划让其承担更大的管理责任而为之，如果公司没有这样的计划和目标，培训非但是多余的，也会浪费公司的资源。而培训课程目标是指在培训课程结束时，希望学员通过课程学习达到的知识、能力或态度水平。目标描述是培训活动预期要达到的结果，而不是培训的过程。任何企业培训项目的实施，应该在需求决策的基础上，预先提出培训的具体要求，明确培训的目的，建立科学的、有层次的、可测量的目标体系，并将之作为培训结束后衡量培训效果的依据，这样才能从根本上保证企业培训的效果。因此，明确的目标可以增强学员的学习动力，也可为考核提供标准。培训课程开发与设计的目标制定阶段的任务就是，为学员制定在培训课程结束时可以实现的行为指标。

（1）培训课程目标的组成

培训课程开发与设计的目标通常包含三个部分：绩效、条件和标准。

绩效是指学员在接受培训后可以完成的任务。绩效陈述常见的开头语是"学员将能……"。绩效应该体现在行为方面，用"说明""执行""计算"这样的行为动词来描述绩效。

条件是指绩效发生的环境，如"在角色扮演期间""应用工作支持""用30分钟进行网络研究""在模拟工作条件下"或"在接受观察期间"等。应该尽最大努力设计出符合实际绩效的条件。

标准描述的是预计学员执行目标的优劣程度，例如，以"80%的精确度"或"每一项都要达到最低的满意程度"表述。

上述三个方面是确定培训课程目标时不可缺少的，如果企业目标中缺少了上述某个成分或者各成分编排不当，目标的有效性和可验证性会因此而削弱。

（2）培训课程目标的层次

一般而言，培训课程的目标有两个层次：课程目标和内容目标。

课程目标是一项陈述，用来描述课程结束后学员所具有的行为能力、完成任务的能力或与人协作的能力，它包括了构成目标的三个组成部分——绩效、条件和标准。课程目标只有一个，其他目标都从属于课程目标。

内容目标分为单元、章节和课时目标，各内容至少应该有一个目标。每个内容单位都应该有支持该单位的目标，而该目标应该与它所从属的目标有直接联系，所有从属级别的目标都要比上级目标更具体。

2. 培训课程信息和资料的收集

目标确定以后，就要开始收集与课程内容有关的信息和资料。可以从企业内部各种资料中查找所需要的信息，征求培训对象、培训专家等方面的意见，借鉴已开发出来的类似课程，从企业外部可能的渠道挖掘可利用资源，资料收集的来源越广泛越好。本阶段的总体目的是确定学员必须掌握的、用来执行符合课件意图的分内工作的知识和技能。

（1）信息和资料的内容

①学员信息和资料。学员信息和资料是要说明学员为了有效工作而应该具备哪些能力，主要包括学员的态度、适应性、资格以及知识和技能。态度是一种思想状态，或者说是感觉状态。学员的态度可能暗示了培训课程必须掌握的趋势。培训课程开发人员应该调查学员的工作态度、学员必须了解的任务，以及学员预见到的障碍。适应性是指必需的或者首选的先天能力，是一种轻而易举、自然而

然的思维方式或能力。工作适应性是能够使工作变得更容易、更愉快、更有趣的品质。适应性提供了那些工作最出色的人开展工作、制定决策和与他人互动的方式，以此成为如何提高工作绩效的重要线索。资格是学员已经掌握的操作方法，是学员引进工作中的、用来支持工作的能力。课程开发人员需要确定这项工作要求哪些资格，学员是否必须要在培训开始就具备这些资格，如果是，那么他们应该具备哪个级别的专业资格。如果没有确定培训开始前学员必须具备的资格，那么一旦大部分学员未达到课程目标，就很难找出原因所在。知识与技能涉及学员必须具备的知识和能力，精确到工作和每项任务，其中包括必需且有效的工具、器材和支持，而不只是必需的工具、器材和支持。

②任务信息和资料。获得任务信息和资料的焦点是工作执行者的工作任务，即学员必须具备的技能和知识，而学员信息和资料的焦点是培训的目标人群在培训之前具备哪些知识和技能。任务信息和资料的主要目的是证明做事的方式方法，其中涉及以程序和决策形式出现的知识和技能，其结果是能够提供培训课程所需的内容，并说明相应的课程设计和教学方法，体现了学员必须达到的熟练程度，循序渐进地阐述了任务的执行方法。

③环境信息和资料。获得环境信息和资料的目的是确定开展培训的环境与条件，确定将课程引入系统的方式，并且确定管理培训流程的方法。这部分信息是很重要的，因为由它确定的培训将影响培训课程内容的设计和教学方法的选择。

（2）培训课程信息和资料收集的方法

在培训课程信息和资料收集中可以采用多种方法，其中包括观察学员执行工作，阅读技术手册及其他文献，采访专门项目专家，设计有关各项任务和工作所需的知识、技能、能力和其他特点的调查问卷。

观察法是指调查人员亲自到工作单位、工作地点观察实际情况，以标准格式记录各个环节的内容、原因和方法，然后进行分析和归纳的方法。它可以系统地收集一种工作的任务、责任和工作环境方面的信息。

调查问卷法也是收集信息时最常用的方法之一，即通过设计问卷来了解企业员工的意愿。依据不同的课程设计目标，可以设计出调查对象不同、结构不同、调查内容不同的问卷。对调查结果进行加工、分析、核对后所设计的课程，员工也易于接受。

阅读技术手册和记录就是翻阅企业已有的技术手册和有关记录，以获取所需的信息。访问专门项目专家，是获取培训课程信息和资料的常用方法，主要是借助专家的知识和经验，获取课程所需的信息和资料。

（3）培训课程信息和资料的收集

培训课程信息和资料的来源有以下四个渠道。

①从客户、参训者和有关专家处获取信息。在需求调查之后，企业可以从客户和可能的参训者那里得到更多的关于培训课程和资料的信息。此外，还可以从有关专家那里获得关于课程介绍的资料。在向客户、可能的参训者、有关专家咨询的过程中，不仅可以获得更多信息，而且可以使他们对培训产生兴趣，更积极地参与到培训中，为培训的成功打下坚实的基础。实际上，让用户参与课程开发是使培训得到其支持的最好方法。

②从已开发的各种培训课程中获得信息。在全面开发课程之前，应该了解是否已有开发出的课程可以用于自己的培训，可以通过查阅有关培训的出版物和杂志来了解一些类似的和有关的培训课程，看哪些可以直接拿来用，哪些可以帮助自己实现培训目标。

③可以通过阅读有关材料获得信息。与培训相关的阅读材料包括培训的主要内容、各项活动的资料、企业介绍、简单的读物等，这些都可以发给学员，作为培训前、培训中或是培训后的阅读材料。

④从一些视听材料中获得信息。从与课程内容有关的不同形式的资料中收集信息也是很好的途径，如电影、录像、幻灯片等，以增加培训课程的趣味性，增强培训效果。

3.培训课程的设计

教学设计、课程设计和课的设计是依次细分和递进的关系。在培训教学设计的基础上才能进行培训课程设计，而课的设计也要在课程设计的框架下实施。对培训课程的设计是为了保证学习者在整个学习过程（不止一个学习单元）中能够在一次课与一次课之间取得适当进步，而课的设计是指在一次次具体的课上如何引导学习者，使他们能够更有效地进行学习。

课是进行培训教学的最小单位。一门课程是由一系列的课构成的，各节课之间构成完整的课程体系，并完整地反映培训中的感知材料和理解材料。为了完成不同的教学任务，便形成了不同的课。课的类型包括讲授课、问答课、讨论课、观察课、实验课、实习课及综合课等。

（1）教学事件设计

一节课是由一系列的教学事件构成的，因而教学事件设计是课的设计的核心。在一节课中，涉及一整套教学事件并作用于学习者，在一个一个事件的推移过程中，学习者都在不断进步。一节课的教学事件可以呈现多种形式，这些事件构成了一系列对学习者的信息交流，信息交流通常以口头或书面语言的形式进行，目前越来越多地依赖多媒体进行信息传递了。

一节课中的教学事件应该是自成一体的。按照加涅的观点，教学事件由九个小步骤构成，各小步骤之间相互连接、相互影响，他将这种步骤与步骤之间的关系称为内部激活。也就是说，在这九个步骤之间，任何一个步骤的输出都会成为下一个步骤的输入。在九个步骤之间或中间可以安排外部刺激，这一点使教学成为可能。通过外部刺激的安排，可以使选择性的知觉受到影响，如通过色彩、下划线、黑体字等可以影响图片或者内容的感知特征。

教学事件设计就是通过一套外在作用于学习者的、支持学习内部过程的事件来使学习者从"现在的位置"过渡到获得教学目标所确定的学习内容。教学事件可以是偶然的，如学习者在上课时提出一个问题，从而引申出一些教学事件，但大部分情况下，教学事件需要由教学设计者做出谨慎的安排。这些事件的具体形式可以根据每个学习对象的不同进行变化，但大体结构是能够确定的。

第一，引起注意。用于引起学习者注意的事件有很多，基本方法有：①使用刺激变化，如移动显示符号、屏幕情景的快速切换等；②激发学习者的兴趣，例如提出能够激发学习者进一步学习意愿的问题、演示某种特殊的现象或播放案例等来引发学习者的兴趣。

第二，告知学习者目标。这种做法可以让学习者了解这一节课的学习重点，也清楚自己应该在课后将精力和时间放在哪些学习内容上面。有许多培训者自己就假设学习者已经知道学习的目标，忽略这一学习干预的重要环节。实际上，这花费不了多少时间，却可以有效地预防学习者的学习脱离预定的轨道。

第三，刺激回忆先决知识。回忆已有的学习成果对当前的学习是很重要的。新的学习就是观念的连接，如学习牛顿第一定律涉及加速度、力两个概念，新的学习要成功，组成的各个概念必须是先前学习的内容。因此，对过去已经学习过的东西的回忆是让学习者建立新概念的很好的途径。

第四，呈现刺激材料。展示对概念或规则的陈述，用事例来突出有关概念的特征。例如，管理技能培训中，最理想的方式是使用模范人物所呈现的行为作为刺激材料，有时候让受训者自己通过行动来呈现材料也是一个很好的方法，两类材料呈现都可以使用录像的方式。

第五，提供学习指导。在这一环节，重要的是不要直接给学习者答案，而是应该让学习者获得思路。这一思路可以引导学习者将已了解的概念和规则理想地结合起来，从而学到一种新的规则。

第六，引出行为。在获得了充分指导的情况下，当学习者已经知道该怎么做时，下一步就应该要求学习者表现出他们已经知道怎么做了，也就是说让学习者"做做看看"。

第七，提供反馈。对学习者的练习或作业需要及时反馈。在组织培训中，应该特别注意在不同的情景中呈现变化的例子，可以设计这方面的练习，并通过及时反馈来强化。

第八，评估绩效。对组织培训而言，这种评估可能发生在课堂上，课堂上的评估是学习绩效的评估。但是更多的情况发生在员工回到工作岗位后的工作场所，这时的评估是工作绩效的评估。

第九，保持学习和促进迁移。学习材料的组织和安排是决定学习者在回忆信息和知识时的重要因素。如果学习材料的组织有意义，提取信息会比较容易。对于知识的学习，需要在几周甚至几个月内有间隔、系统地进行复习或者后续练习。为了保障学习迁移的发生，应该为学习者提供新的任务，这意味着关注学习者在培训后的学习活动十分重要。

（2）单节课的设计

假设培训师已经把课分成了若干单元，并且对这些单元进行了排序，接下来的任务就是具体地将一节课设计出来，具体的工作包括：①陈述课的目标，列出课的学习结果；②列出计划使用的教学事件；③列出每个教学事件赖以完成的媒体材料和活动；④注明培训师的作用和各种教学建议活动。

众多现有的媒介和教学实施方式对于培训师来讲都有其独特的挑战性，因此，在决定取舍的时候需要特别注意，并且要根据用途做出选择。

美国瑞威斯·海塞尔·考毕勒著的《培训课程开发精要》中详细地介绍了设计文件的构成，具体包括以下内容。

①封面。一般来说，封面可用 150 ～ 200 个字简单地描述设计文件的用途。余下的部分就是设计文件的作者姓名、起草日期、审查人员的姓名，以及他们的签字栏。

②目录表。并不是所有的设计文件均包含目录表，一般根据设计文件的要求而定。较长的设计文件须包含目录表。

③导言。导言一般包括九个方面的内容。

第一，项目名称。这部分包括课程名称、课程的发布、版本或修订次数序号。

第二，项目范围。这部分描述了项目涉及的领域。

第三，项目的组成部分。这部分列举了培训解决方案的交付成果构成，包括印刷资料和电子资料。

第四，课程时间长度。即对学员完成本课程所需时间的估算，以便在内容开发阶段修改估算后的课程时间。

第五，班级规模。这部分描述了班级的最大、最小和最优化规模。

第六，学员的必备条件。即描述学员在参加课程之前必须完成的课程，必须参加的资格培训、测试或其他要求等。

第七，学员。即描述目标培训人群，其中包括职务、责任领域、在本公司的服务年限、背景、以往的相关经验、现有能力、教育程度、态度、学习作风、媒体偏好、已具备的必要条件，以及对课程的期望值。还可以补充更多的有助于了解学员特征的信息，这关系到课程能否实现课件的意图。

第八，课件意图。即介绍课程的目标、培训的意图、培训如何与课程相协调，以及培训如何使学员受益。它还涉及培训能够解决的问题，以及标明项目成功的绩效标准。

第九，课程评估和评价。即大致描述用来确定培训解决方案效力的方法。课程评估包括两个方面：学员对培训活动的反馈和学员对学习层次的判断；对学员的测试，以根据绩效目标来确定他们的学习层次。

④内容大纲。内容大纲主要包括以下几个方面。

第一，教学资源。这部分列举了提供给学员、教师和考官的课程资料和表格，其中包括印刷资料或电子资料，以及得到资料的前提条件，如网络链接、邮寄等。

第二，资料的结构。这部分描述了构成课程的各个部分，如单元、章节、课时和练习。对每一部分的描述都涉及其内容、时间、与其他部分的协调方式以及用途。

第三，课程目标和绩效目标。这部分说明了课程的目标，并列出了课程的所有绩效目标。

第四，教学顺序和活动。这部分描述了课程题目的次序，并对每个课题进行了简短的概念性描述。如果所有课题都必须以一种连贯的结构模型为基础，在这里则必须说明。

第五，内容。这部分是对每个内容片段的描述，其中包含课程结束的所有层次，如单元、章节、课时、练习。它的依据是教学资料的内容，而不是教学资料的构造方式。

第六，交付进度。这部分说明了在交付课程期间，完成每个内容片段所需的预期时间。

⑤开发要求。这部分介绍了开发培训课程所需的资源，包括软件、硬件、操作手册、文件、链接、用户身份、模拟器材、录像器材和人员，以及有利于促进和完善开发流程的必需资料和资源。

⑥交付要求。这部分介绍了交付培训课程所需的资源，其中可能包括"开发要求"部分提出的大部分资料和资源。

⑦生产要求。这部分介绍了生产培训资料所必需的资源。

第二节　企业员工培训目标及计划的制定

一、培训目标的确定

（一）培训目标的定义

培训目标是指培训活动的目的和预期成果，描述的是受训者在培训后应当学会的知识和技能，它应当是未来导向和结果导向的。培训目标可以针对每一培训阶段设置，也可以针对整个培训计划来设定。有了培训目标，员工学习才会更加有效。

（二）培训目标的内容

确定培训目标是员工培训必不可少的环节，需要实现以下四个方面的目标。

1. 补充知识

随着科学技术发展速度的加快，人们原先拥有的知识与技能在不断老化。为了防止组织中各层级人员工作技能的衰退，组织必须对员工进行不断培训，使他们掌握与工作有关的最新知识与技能。

2. 发展能力

员工培训的一个主要目的是根据工作的要求，努力提高他们的决策、用人、激励、沟通、创新等各方面的综合能力。特别是随着工作的日益复杂化和非个人行为化，改进组织内部人际关系的能力要求不断提高，这使得组织内对合作的培训变得愈发重要，这也是衡量组织竞争的重要体现。

3. 转变观念

每个组织都有自己的文化价值观念和基本行为准则。员工培训的重要目标就是要通过对组织中各个成员特别是对新聘管理人员的培训，使他们能够根据环境与组织的要求转变观念，逐步了解并融入组织文化之中，形成统一价值观，按照组织中的行为准则从事管理工作，与组织目标同步。

4. 交流沟通

组织培训员工的基本要求是通过培训加强员工之间的信息交流，特别是使新员工能够及时了解组织在一定时期内的政策变化、技术发展、经营环境、绩效水平、市场状况等方面的情况，熟悉未来合作伙伴，准确及时地定位。

二、培训计划的制定

（一）培训计划的定义

培训计划是按照一定的逻辑顺序排列的记录，从组织的战略出发，在全面、客观的培训需求分析基础上，做出的对培训时间、培训场地、培训者、培训对象、培训方式和培训内容等的预先系统设定。

培训计划必须满足组织及员工两方面的需求，兼顾组织资源条件及员工素质基础，并充分考虑人才培养的超前性及培训结果的不确定性。

（二）培训计划的内容

1. 确认培训与人力发展预算

制订培训计划的最佳的起点是，确认公司将有多少预算分配于培训和人力发展。在不确定是否有足够的经费支持的情况下，制订任何培训计划都是没有意义的。通常培训预算都是由公司决策层决定的，但是人力资源部门应该通过向决策层呈现出为培训投资的"建议书"，说明公司为什么应该花钱培训，公司将得到什么回报。在不同行业，公司的培训预算的差异可能很大，但通常外资企业的培训预算在营业额的1%～1.5%。人力资源部门需要管理的是培训预算被有效地使用，并给公司带来效益。

2. 分析员工评价数据

公司的评价体系应该要求经理和员工讨论个人的培训需求。如果公司的评价体系做不到这一点，说明公司的评价体系不够科学，需要改善这一功能。这是关于"谁还需要培训什么"的主要信息的来源。当然，也可能有时会被公司指定，为了实施新的生产系统或提高质量而进行全员培训。人力资源部门的职责是负责收集所有的培训需求，有时可能会被部门经理要求给些建议，指出目前有什么类型的培训最适合部门经理的下属员工。

3. 制订课程需求单

根据培训需求，列出一个单子，上面列明用来匹配培训需求的所有种类的培训课程。这可能是一个很长的清单，包含了针对少数员工的个性化的培训需求（甚至是一个单独的个人），也包含了许多人都想参加的共性化的培训需求。

4. 修订符合预算的清单

经常会遇到的情况是总培训需求量将超出培训预算。在这种情况下，人们需要进行先后排序，并决定哪些课程将会运行和哪些课程不会。最好的办法是通过咨询部门经理，给他们一个机会说出哪些培训是最重要的。培训专家何守中认为，基本的考虑是使培训投入为公司创造最佳绩效产出，并确定哪些课程可能对参训员工绩效产生最积极的影响，进而提升公司的总体绩效。如果某些有需求的培训无法安排，提出修改需求的员工应该得到回应。人力资源部门应考虑是否有任何其他方式来满足需求，例如通过岗位传帮带或者轮岗完成知识传递。

5. 确定培训的供应方

当人们有了最终版的课程清单，接下来需要决定如何去寻找这些培训的供应方。首先是决定使用内部讲师还是聘请外部讲师。内部讲师的好处是成本较低，而且有时比外部讲师优秀（因为内部讲师更了解组织现状和流程）。然而，有时内部无法找到讲授某个课程的专家，这时就必须寻找外部讲师。另外，对于许多类型的管理培训（尤其是高管培训）而言，外部讲师比内部讲师往往有更多的可信度，这就是我们通常说的"外来的和尚好念经"。虽然这样说并不一定公平，但确实存在这种现象。

6. 制订和分发开课时间表

人力资源部门应该制订一份包含所有计划运营培训的开课时间表，列明开课的时间和地点。一种通常的做法是制作一本包含相关信息的小册子，例如课程描述。这本小册子将被分发给所有的部门，作为一份参考文件（在某些组织将拷贝给所有员工）。

7. 为培训安排后勤保障

培训的后勤保障需要确保：有地方运营该课程（不管是在内部还是外部）、学员住宿（如果需要的话）和所有的设备和设施，如活动挂图、记号笔、投影机等。还要确保教材的复印件可供给每个参训者。这听起来很平常，但常常出错的往往就是这些方面。最好的做法是假定会出差错，二次确认后勤安排，特别是如果使用酒店或其他一些外部的地点进行培训。

8. 安排课程对应的参训人员

这看起来像一个简单的任务,但安排课程对应的参训人员有时可能会有困难。基本上需要告知参训人员预订的培训地点,送他们参加培训,告诉他们去哪儿,什么时候到,也许还要建议他们带计算器或在培训前完成一份问卷。公司通常提前两三个月通知培训报名,以便参训人可以安排好他们的时间表,在培训日能够按时参加。但常见的情况是一些参训者在最后一刻取消报名(通常是由于工作的压力),所以要有备选学员可以候补空余的培训名额。

9. 分析课后评估,并据此采取行动

公司希望自己的培训投资尽可能有效。就像任何其他的投资,公司应该评估培训取得的效果。最明了的方式是让参训者上完每门课程后都填写课程评估表格,所有评估表格应由人力资源部门作为对讲师的授课质量检查的依据。有持续好评代表这门课程取得了成果,如果有持续劣评的课程,就要利用这些数据来决定什么需要改变(内容、持续时间或主持人等),采取行动改变以便课程使参训人员进行优化提升。其他的评价课程方法,可以要求一线经理让参训人员在每个培训之后,举行一个培训小结会。参训人员在课后反馈他们如何将所学运用到他们的工作中去,这是一个非常有效的方法,但人力资源部门需要说服一线经理来做这件事情。

(三)制订培训计划时需要注意的问题

1. 掌握真实需求并能描述需求的来源

所谓掌握真实需求,是指要了解各个部门当前的工作最需要的培训需求,而不是时下有哪些最流行的课程和哪些最知名的讲师。很多企业容易犯一个错误,就是在进行培训需求调查的时候并不是从企业的业务出发,而是从培训提供商出发,不是考虑员工的工作需要什么培训,而是从一些培训机构来信来函的介绍中所列举的课程出发,把这些课程重新编排,作为需求调查的内容。这样的做法很容易误导对培训并不熟悉和擅长的部门负责人,导致他们认为培训就是听口碑好的讲师的课,不管讲师讲什么内容,只要是名师,只要是知名的培训机构,就是最好的选择,因此,他们把知名的讲师和知名的机构作为培训需求的源头,以此来制订本部门的培训计划。

其实，培训的需求来自绩效，这是培训的唯一来源。一切培训活动都是为了帮助员工提升绩效，帮助员工与企业步调一致、目标统一。所以，只有从员工绩效出发的培训需求才是最真实的需求，也是企业最需要的。从这个观点出发，人力资源部门在设计培训需求调查表的时候，就要从员工的绩效出发，设计结构化的培训需求调查表。

2. 年度培训的目标要清晰

所谓培训目标，其实很简单、也很明确，就是帮助员工改善绩效。在这个大目标的基础上，可以根据员工的工作职责以及上一绩效周期的绩效考核，确定具有针对性的培训目标。例如，上一绩效周期内，员工在工作计划方面存在薄弱环节，工作缺乏计划性或计划不合理，可以设计一个《如何做好计划管理的课程》，培训目标是使员工掌握计划管理的理论、学会编制计划、学会检查计划。

3. 编写一份高质量的年度培训计划书

为使年度培训计划的制订更加有效，人力资源部门应该编写一份高质量的年度培训计划书，年度培训计划书主要考虑以下几个方面的内容：培训需求调查、年度培训计划的制订、年度培训计划的组织、培训总结、培训效果评估。

（四）进行培训需求分析

根据企业的战略和发展方向，结合员工职位说明书，明确各个岗位的职责和员工需要具备的能力，并结合绩效考核结果，找到员工素质能力的短板，或者企业战略需要的员工能力和员工实际能力之间的差距，从而确定能否通过培训方法消除差距，提高员工的生产率。

1. 培训需求分析的步骤

①建立员工背景档案。

②同各部门人员保持密切联系。

③向主管领导反映情况。

④各培训需求调查。

2. 制定培训需求调查计划

①培训需求调查工作的行动计划。

②确定培训需求调查工作的目标。

③选择合适的培训需求调查工作。

④确定培训需求调查的内容。

3. 实施培训需求调查工作

①提出培训需求动议或愿望。

②调查、申报、汇总需求动议。

③分析培训需求。

④汇总培训需求意见，确认培训需求。

4. 对培训需求调查信息进行归类、整理

①对培训需求进行分析、总结。

②撰写培训需求分析报告。

5. 培训需求分析的方法

①观察法。通过现场观察、日常巡视或工作检查获得培训需要。

②间接反馈法。通过员工流失率、缺勤等了解存在的问题并从中发现培训需要。

③问卷调查法。设计有关需求问卷，征求管理者、员工对培训工作的意见和建议。

④面谈调查法。培训管理者通过与员工面谈，了解他们对培训、对工作的意见和态度。

⑤关键人物访谈法。征求董事长、总经理、各部门经理对培训工作的意见，企业决策层对培训的看法关乎培训是否能顺利进行。

（五）确定培训对象、培训方法和培训内容

1. 培训对象的确定

根据培训需求、培训内容，可以确定培训对象。岗前培训是向新员工介绍企业规章制度、企业文化、岗位职责等内容，使其迅速适应环境。对于即将转换工作岗位的员工或者不能适应当前岗位的员工，可以进行在岗培训或脱产培训。

2. 培训方法

（1）讲座法

讲座法是指培训者用语言传达想要受训者学习的内容，这种学习的沟通主要是单向的——从培训者到听众。不论新技术如何发展，讲座法一直是受欢迎的培训方法。

讲座法是按照一定组织形式有效传递大量信息的成本最低、时间最节省的一种培训方法。讲座的形式之所以广泛实用，也是因为它可向大批受训者提供培训。除了作为能够传递大量信息的主要沟通方法之外，讲座法还可作为其他培训方法的辅助手段，如行为示范和技术培训。

讲座法也有不足之处。它缺少受训者的参与、反馈以及与实际工作环境的密切联系，这些都会阻碍受训者学习和培训成果的转化。讲座法不太能吸引受训者的注意，因为它强调的是信息的聆听，而且讲座法使培训者很难迅速有效地把握受训者的理解程度。为克服这些问题，讲座法常常会附加问答、讨论和案例研究。

（2）视听法

视听教学使用的媒体包括投影胶片、幻灯片和录像。录像是最常用的方法之一，它可以用来提高学员的沟通技能、谈话技能和顾客服务技能，并能详细阐明一道程序（如焊接）的要领。但是，录像方法很少单独使用，它通常与讲座一起向雇员展示实际的生活经验和例子。

录像也是行为示范法和互动录像指导法借助的主要手段之一。在培训中使用录像有很多优点：第一，培训者可以重播、慢放或快放课程内容，这使他们可以根据受训者的专业水平灵活调整培训内容；第二，可让受训者接触到不易解释说明的设备、难题和事件，如设备故障、顾客抱怨或其他紧急情况；第三，受训者可接受相同的指导，使项目内容不会受到培训者兴趣和目标的影响；第四，通过现场摄像可以让受训者亲眼看见自己的绩效而无须培训者进行过多解释。这样，受训者就不能将绩效差归咎于外部评估人员。

（3）传递法

传递法是指要求受训者积极参与学习的培训方法。

（4）现场培训

现场培训是指新雇员或没有经验的雇员通过观察并效仿同事或管理者工作时的行为来学习。现场培训适用于新雇佣的雇员，在引入新技术时帮助有经验的雇员进行技术升级，在一个部门或工作单位内对雇员进行交叉培训，以及帮助岗位发生变化或得到晋升的雇员适应新工作。

现场培训是一种很受欢迎的方法，因为与其他方法相比，它在材料、培训者的工资或指导方案上投入的时间或资金相对较少。某一领域内专家的管理者和同事都可作为指导者。

但是使用这种缺乏组织的现场培训方法也有不足之处。管理者和同事完成一项任务的过程并不一定相同，他们也许既传授了有用的技能，也传授了不良习惯。同时，他们可能并不了解演示、实践和反馈是进行有效的现场培训的重要条件。没有组织的现场培训可能导致雇员接受不好的培训，他们可能使用无效或危险的方法来生产产品或提供服务，并且会使产品或服务质量不稳定。

为保证现场培训的有效性，必须采用结构化形式。

①自我指导学习。自我指导学习是指由雇员自己全权负责的学习，包括什么时候学习及谁将参与到学习过程中来。受训者不需要任何指导者，只需按照自己的进度学习预定的培训内容，培训者只是作为一名辅助者而已。

自我指导学习的一个主要不足在于，它要求受训者必须愿意自学，即有学习动力。

自我指导学习在将来会越来越普遍，因为企业希望能灵活机动地培训雇员、不断使用新技术，并且鼓励雇员积极参与学习而不是迫于雇主的压力而学习。

②师带徒。师带徒是一种既有现场培训又有课堂培训的工作—学习培训方法。大部分师带徒培训项目被用于技能行业，如管道维修业、木工行业、电工行业及瓦工行业。

师带徒培训的一个主要优点是，可让学习者在学习的同时获得收入。因为师带徒培训会持续好几年，学习者的工资会随着他们技能水平的提高而自动增长。而且，师带徒培训还是一种有效的学习经历，因为它包括由地方商业学校、高中或社区大学提供的课堂指导，其中指出了为何及如何执行一项任务。一般情况下，企业会在培训结束后将受训者吸纳为全职雇员。

师带徒培训的一个缺点是有些项目限制了少数族裔和妇女的参与，另一个弊端是无法保证培训结束后还能有职务空缺，最后一点就是师带徒项目只对受训者进行某一技艺或工作的培训。

③仿真模拟。仿真模拟是一种体现真实生活场景的培训方法，受训者的决策结果能反映出如果他在某个岗位上工作会发生的真实情况。模拟可以让受训者在一个人造的、无风险的环境下看清他们所做决策的影响，常被用来传授生产和加工技能及管理和人际关系技能。

④案例研究。案例研究是关于雇员或组织如何应对困难情形的描述，要求受训者分析评价他们所采取的行动，指出正确的行为，并提出其他可能的处理方法。

⑤商业游戏。商业游戏要求受训者收集信息，对其进行分析并做出决策，主要用于管理技能的开发。游戏可以刺激学习，因为参与者会积极参与游戏，而且游戏仿照了商业的竞争常态。

⑥角色扮演。角色扮演是指让受训者扮演分配给他们的角色，并给受训者提供有关情景信息（如工作或人际关系的问题）。

⑦行为世范。行为示范是指向受训者提供一个演示关键行为的示范者，然后给他们机会去实践这些关键行为，更适于学习某一种技能或行为，而不太适合事实信息的学习。

（5）团队建设法

团队建设法是用以提高小组或团队绩效的培训方法，旨在提高受训者的技能和团队的有效性。团队建设法让受训者共享各种观点和经历，建立群体统一性，了解人际关系的力量，并审视自身及同事的优缺点。

冒险性学习注重利用有组织的户外活动来开发团队协作和领导技能，也被称作野外培训或户外培训。最适合于开发与团队效率有关的技能，如自我意识、问题解决、冲突管理和风险承担。

团队培训协调一起工作的单个人的绩效，从而实现共同目标。团队绩效的三要素是知识、态度和行为。

行为学习是指给团队或工作小组一个实际工作中面临的问题，让他们共同解决并制订出行为计划，然后由他们负责实施该计划的培训方式。

3. 培训内容的选择

一般来说，培训内容包括三个层次，即知识培训、技能培训和素质培训。知识培训是企业培训中的第一个层次。员工听一次讲座或者看一本书，就可能获得相应的知识。知识培训有利于员工理解概念，增强对新环境的适应能力。技能培训是企业培训中的第二个层次。招进新员工、采用新设备、引进新技术等都要求进行技能培训，因为抽象的知识培训不可能立即适应具体的操作。素质培训是企业培训中的最高层次。素质高的员工即使在短期内缺乏知识和技能，也会为实现目标有效、主动地进行学习。

究竟选择哪个层次的培训内容，是由不同受训者的具体情况决定的。一般来说，管理者偏向于知识培训和素质培训，一般职员偏向于知识培训和技能培训。具体来说，培训内容的选择主要参考以下几个方面。

（1）应学应会的知识

在给员工的培训中必须讲述企业的中长期远景规划，详细讲述企业使命及价值文化、团队建设等，使员工在进入工作状态之前对企业概述、生活环境、企业使命、企业中长期目标及企业精神的精华部分有一个比较详细的理解。日常培训要让员工了解企业的发现战略、企业愿景、规章制度、企业文化、市场前景及竞争情况。

（2）企业的工作流程

在培训过程中详细讲解企业的工作流程，特别是涉及员工日常工作中需要知道的流程，如请假程序、离职程序等，防止员工在接触工作之后，不清楚工作流程及其他相关流程而办事处处碰壁，工作效率提不上去，使员工产生厌烦心理。因此，做好这方面的培训是为员工营造良好工作环境的基础。

（3）福利

福利作为企业薪酬的主要项目，是员工特别关心的部分，因此应在培训中讲清楚企业的福利情况，这是安定员工的又一关键因素。

第三节　企业员工培训实施的准备工作

一、培训课程开发、选择和材料准备

（一）培训课程的开发

1.培训课程开发的定义

培训课程开发是指培训组织在培训课程设计和授课指导方面所做的一切工作，是一个可持续发展而且可以变通的过程。课程开发探讨的是课程形成、实施、评价和改变课程的方式和方法，它是确定课程、改进课程的活动和过程。培训课程开发，就是培训师依据培训计划书的培训目标、课程大纲以及学员的状况分析，选择和组织课程的内容。

2. 培训课程开发的流程

（1）确定培训课程目的

进行课程开发的目的是说明员工为什么要进行培训。只有明确培训课程的目的，才能确定课程的目标、范围、对象和内容。

（2）进行培训需求分析

培训需求分析是课程设计者开发培训课程的第一步。进行培训需求分析的目的是以满足组织和组织成员的需要为出发点，从组织环境、个人和职务各个层面进行调节和分析，从而判断组织和个人是否存在培训需求以及存在哪些培训需求。

（3）确定培训课程目标

培训课程的目标是说明员工培训应达到的标准。它根据培训的目的，结合上述需求分析的情况，形成培训课程目标。

（4）进行课程整体设计

课程整体设计是针对某一专题或某一类人的培训需求所开发的课程架构。进行课程整体设计的任务包括确定费用、划分课程单元、安排课程进度以及选定培训场所等。

（5）进行课程单元设计

课程单元设计是在进行课程整体设计的基础上，具体确定每一单元的授课内容、授课方法和授课材料的过程。

课程单元设计的优劣直接影响培训效果的好坏和学员对课程的评估。在培训开展过程中，作为相对独立的课程单元不应在时间上被分割。

（6）阶段性评价与修订

在完成课程的单元设计后，需要对需求分析、课程目标、整体设计和单元设计进行阶段性评价和修订，以便为课程培训的实施奠定基础。

（7）实施培训课程

即使设计好的培训课程，也并不意味着培训就能成功。如果在培训实施阶段缺乏适当的准备工作，也是难以达成培训目标的。实施的准备工作主要包括培训方法的选择、培训场所的选定、培训技巧的利用以及适当地进行课程控制等方面。

在实施培训过程中，掌握必要的培训技巧有利于达到事半功倍的效果。

（8）进行课程总体评价

培训课程评价是在课程实施完毕后对课程全过程进行的总结和判断，重点在于确定培训效果是否达到了预期的目标，以及受训者对培训效果的满意程度。

（二）培训课程的选择

根据企业、员工目前的状况，罗列出当前需要解决的问题和现象，结合公司战略和人力资源发展战略，将这些问题进行先后顺序的排列，分析哪些是需要培训来解决的，哪些是公司内部可以解决的，哪些是短期内可以解决的，哪些是长期改造可以解决的。

培训计划必须结合长期和短期的原则。长期的问题是员工思想改造和循序渐进的训练，短期的是技能提升和通过一两次培训可以解决的问题。

将需要通过培训解决的问题进行分类，分析需要通过哪方面的培训可以解决。找到问题的部门或人，根据他们的工作特性、工作背景、学历情况、在企业中所处的地位等，并与他们进行实际访谈了解真实原因，提出切实的培训需求。

每次培训所能解决的实际问题，不宜期望过多。许多人力资源经理希望通过一次培训解决所有的问题，这个不切实际。根据调查，授训学员在一天6～8小时的培训中，最终能关注的点不会超过3个，所以每次培训能比较彻底地解决两三个问题，就可以达到培训效果了。

在选择培训师的时候，最先要看他的背景，之前是否有相同行业或职业多年工作背景、授课背景（是否给同类企业或行业培训过，并且多次）。必要时，应该核实培训师相关背景情况，了解培训师曾经培训过的企业对他（她）的评价。很多企业也和购买商品一样，是有性价比的，以低廉或知名选购商品，都会容易造成性价比不高，所以合适的才是最好的。

将培训需求、企业情况、企业文化、公司架构、行业特点、学员情况、所需解决的问题交给培训师，所能提供的资料应越详尽越好，并且通过面对面的交谈，知晓培训师对本行业、本企业的了解程度，以及他对所出现问题的看法和解决方法。

安排培训师走访企业和受训学员，有助于培训师在培训中更有针对性。另一方面，培训师在走访过程中，也许能发现一些企业和人力资源经理没有发现的隐藏问题。

让培训师提供培训方案和课程大纲，透过培训方案和课程大纲可以了解培训师的本次培训是否具有针对性，以及课程内容是否让受训员工可以接受。

在培训实施前，应该做好培训动员工作。动员工作应该让企业的领导层或部门经理来组织，有助于提高员工对培训的认真度和参与度。

（三）培训材料的准备

1. 培训场地

培训场地是一场会议或者培训的基础硬件之一，一个与会议和培训匹配度高的场地，无疑会使会议和培训本身增色不少。例如，一个庄严、大气的培训场地，与大型培训在形象和气势上会有着极好的映衬；而一个温馨、高雅的场地，对于一个小型交流会的氛围营造大有裨益。选择什么样的场地要根据会议和培训的性质、来宾构成、会议规模等因素确定。

为满足客户的特别培训场地需要，有实力的会议服务公司经常会建设特色场地网络，以更好、更快地响应客户需求。因此，庞大的培训场地数据库、详细的场地设施及服务信息，是会议服务公司全面满足客户对各种场地服务需求的基础。

什么类型的培训要有相对应的场地布置，这可以让培训取得更好的效果。下面分析常用的几种场地布置方式的特点。

（1）马蹄式

马蹄式实际上也是会议桌式，它的优点是，学员可以相互看到，容易看见讲师所有的动作表情。这种布置方式适合于演示、产品讲解等方面的培训，不适宜人数较多的培训，一般在 20 ～ 30 人。

（2）圆形式

圆形式也称围桌式，它的特点是，大家围成一圈，适合学员之间的讨论，可用于头脑风暴、游戏、演练等形式的培训。但是这种方式比较占地方，学员的数量受限，不适宜人数较多的培训，一般在 10 ～ 15 人。

（3）小组式

小组式的特点是，分组讨论可以让学员更投入，有效利用面积，便于讲师走到学员中间，同时通过小组间的竞争可以提高学员的积极性和参与性。但是这种方式使得组与组之间的交流少，这种方式适用于中型培训，一般在 50 ~ 100 人。

（4）课桌式

课桌式的特点是，适合讲授知识型课程，便于学员做笔记，座位会让学员感觉最舒服。但是不适合学员之间的讨论，不方便讲师与学员互动，形式比较拘束，容易造成距离感，讲师也比较难控制场面。这种方式适合于讲授式的大型培训，人数一般在 100 人以上。

此外，培训场地内的各种颜色和工具的搭配要注意，尽量不要用单一色彩，过于单一容易使学员疲倦；当然场地内也不能布置得五颜六色，这样容易引起学员分神。培训场地尽量用明亮的主色调，搭配一两个辅助色调。

2. 培训设备

培训设备是指培训者在进行培训的过程中，为了达到更好的培训效果，采用的辅助性设施。例如，各种培训工具：投影仪、麦克风、PPT 翻页笔、白板、培训音乐等。培训资源的准备是成功的培训师非常注重的一个环节，它影响到培训的整体效果。

下面着重分析 PPT 的制作。PPT 的制作是培训资源中比较重要的一个环节，PPT 制作的好坏将影响到培训效果，同时会影响培训师水平的发挥。在 PPT 的制作过程中需要注意结合 SFM 原则，也就是简单（Simple）、有趣（Fun）、好记（Memory）。

（1）简单

PPT 制作的过程中，切忌过于复杂。一个页面的内容和字数不能太多，尽量不要超过三个观点，不超过 10 行字，每行不要超过 15 个字，不然容易引起学员分神和繁杂心理。而且，字数太多不利于学员看清内容，简单明了是 PPT 制作最基本的原则。

（2）有趣

PPT 内容简单不代表单调和枯燥，制作时需要在内容上下功夫。在页面的设计上，尽量多用相关的图片和数据说话，给学员带来视觉冲击，同时可以结合一些案例和故事，切忌纯理论性的内容太多，不然很难引起学员的学习兴趣。

（3）好记

在文字的组织和选择上，尽量做到精练，要善于运用总结性词语，对所讲授的内容进行归纳。同时结合图片，使人的左右脑同时得到刺激，使学员更快记住和掌握知识点。

二、培训师的甄选和培训

（一）培训师的甄选

培训师是关乎企业培训成败的关键，随着培训事业的发展和企业对培训的日益关注，社会上出现了企业培训师这一崭新的职业。作为一名培训师应该具备以下素质：有良好的社交技能，对受训者的要求敏感并给以答复，有调动员工积极性并使之为公司做出贡献的能力，工作中有灵活性和适应性，了解培训的目的和需要，愿意探索新观念，有变革的准备，有耐心和责任感。

在企业培训中，培训师是培训实施过程中的关键角色。在对培训师的甄选上，培训经理承担着主要工作。培训师与培训经理的关系，就如舞台剧的演员和导演的关系——在演员站上舞台之前，导演是主导；一旦演员站上舞台，演员就决定了整个舞台剧的效果，也决定着导演的品牌。选择企业自己的培训师一般不是问题，但如何甄选到合适的外部专业培训师，对于很多培训经理来说，是一项比较具有挑战的工作。一般来说，在外部培训师的甄选上，如果进行纯理论知识的培训，可以找学院派讲师，有比较系统的理论讲授，也比较容易选择讲师；如果进行软技能培训（特别是管理技能和营销技能），则要选择有丰富的成功职业经历的实战派培训师。培训经理的主要挑战还在于如何选择实战派培训师，下面从五个方面谈谈如何甄选到合适的实战派培训师。

1.培训师要有经过自己实践检验的能自圆其说的理论体系

培训师自己讲的东西，自己一定要信；自己信的东西，自己一定认真做过；自己做过的，一定要做明白、做透。这样，才能总结形成自己的理论体系，才能自圆其说。在培训课程中，除了讲其他案例、引用其他理论之外，培训师自己的真实案例，往往更能吸引人、更能打动人、更能指导人。这就要求专业培训师要有丰富的管理实践经历，而不是仅仅具备丰富的没有经过自己验证的理论知识。

2. 培训师要具备一定的基本管理咨询功底，能实际解决问题

企业的培训往往是要解决特定的问题，或者改善学员的某些行为，目的导向非常明确。这就要求培训师在进行每一次培训课程之前，都要了解企业战略和企业战略对员工的行为要求，要基本知晓培训对象待解决的主要问题。在培训课程实施过程中，培训师还要具备现场解决学员实际问题的专业能力，否则培训就会无的放矢。当然，培训不等于咨询，在这方面培训师不需要做大量的深度咨询工作，但是如果培训师不具备一定的管理咨询功底，培训也很难取得实效，培训师也会砸自己和培训经理的品牌。

3. 培训师要对所有核心的概念有清晰地阐述

概念一般是抽象的。可以说，每一个概念的背后都隐含着一套理论。概念是语言构成的基本单元，有效沟通始于统一概念。如果每个人都怀着自己对同一个概念的不同理解而沟通，就会产生冲突、误解，至少没有效果。例如，现在绩效管理又开始成为人力资源工作者热议的话题之一，核心概念之一的"KPI"英文全称到底是什么呢？大家可以到网上看看几位名家的讲稿，各有各的说法，很难判断谁对谁错。

4. 培训师要以学员为中心，让学员成为培训过程中的主角

真正有实力的培训师是让学员把他们的注意力都集中在他们自己身上，关注他们自身的学习，而不是观看培训师的"表演"。这就要求培训师一方面具备深厚的教练技能，另一方面具备一定的师道修养。作为培训师，要传做人之道，授做事之术，答做人做事之惑，帮助学员成长。一般来讲，演艺派培训师不适合做企业培训。

5. 培训师要有一定的现场点评功底

培训师不一定在具体的业务实践上高于学员，但是一定有基于实战经验的比较系统的理论总结，能抓住学员在培训中的精彩观点给予深度点评，由点带面，实效实用。有些培训师能把自己2～3天的课程背得滚瓜烂熟，连着做几期同样的培训课程，面对不同的学员能做到词句不差分毫，这也是不一般的功夫，但对于学员的精彩观点抓不住、点不透，甚至不理会。这一类培训师往往缺乏实际解决问题的能力和自信。

（二）培训师的培训

培训师在培训过程中担任着十分重要的角色，对培训效果有着直接影响。因此，培训师在培训时要做好以下工作。

1. 演

演就是培训师表达技巧的运用。编、导工作都准备完毕，演的水平如何将决定这部"电影"是否卖座，是否能得到学员的关注和认可。那么，作为培训师要怎么样才能演好自己的角色，需要注意些什么呢？需要注意以下六个技巧。

（1）亮相

一个好的开场白是培训成功的一半，好的培训开场可以让处于涣散状态的学员收心，也可以提起学员的关注和兴趣。怎么样亮相很关键，常用的几种方式有：精彩故事、幽默笑话、名言名句等，具体运用何种方式要结合培训师个人的风格和实际的课程内容。假如培训师本身就不幽默，就不要以幽默手法开场，这样容易给学员形成期待心理，造成落差，取得反效果。另外，培训师自身的穿着打扮一定要专业、规范，精神要饱满，语言要有穿透力，这样才容易给学员留下良好的第一印象。

（2）手势

培训师除了语言要生动外，还要注意肢体语言，适当的肢体语言可以让培训效果更生动。当然，这些动作不能过于夸张，手势的活动区域最好是脖子以下到肚脐以上的空间，这是手势活动的黄金区域，超越这个区域的动作就显得不够收敛。另外，提问题切忌用食指指着学员，应采用手掌并拢并向上的动作，以表示对学员的尊重。

（3）走位

为避免培训师与学员之间形成距离，培训师需要采取适当的走位，以接近学员，那么如何走位就显得很关键。培训师走位应注意以下几点：①走动的步伐要轻慢、自然，步伐不能过大、过急；②自然地一边讲授一边移动步伐；③走动时切忌背对着学员；④走动的路线以"之"字形为主；⑤后退走动时，注意背后物体。

（4）眼神

培训师的眼神能让学员提高关注度，并提高学习的参与性。培训师的眼神应该做到环视所有的学员，左边、右边、后边是讲师环视死角，应该注意；对违反培训纪律的学员要给予眼神注视，提醒学员；对积极参与课程的学员给予眼神关注；眼神环视以空视为主，即不看具体人物，这样可以避免产生紧张情绪。

（5）表情

培训师的表情也很重要，表情不宜太过僵硬，不能过于木讷，要根据课程内容和进度做适当的变化。当然不能过于做作，主要是以自然为好，最好是面带微笑，对于学员的回应给以适当的点头。

（6）仪态

培训师的仪态可以体现培训师的素养，所以不管从发型、面部整洁、衣着搭配、站姿，都要给学员专业的感觉。衣着最好以职业装为主，注意颜色的搭配，男士切忌留胡子，女士切忌浓妆艳抹，穿衣过于暴露；站姿要自然，两脚与肩同宽，站立要做到抬头、挺胸、收腹、提臀。这些细节都要靠培训师平时养成良好的习惯，而不是上了讲台才去注意。

2. 唤醒学员的耳朵

（1）培训背景音乐的运用

研究表明，人的情绪和关注度会随着音乐的变化而变化，所以好的背景音乐可以让学员进入培训师想要的状态，可以取得更好的培训效果。至于运用什么样的音乐要根据实际的课程内容决定。

（2）培训师的口语表达

①用辞。成功的培训师很懂得用辞。培训师的用辞切忌粗俗，所以要做到精练，具体可以用一些名言名句、专家理论、正确数据等。

②语音。培训师的声音也很重要，授课中的声音不能过于大声或者小声，过于大声会另学员产生厌烦情绪，太小声学员听不清楚。另外，培训师发音不能太干涩生硬，要尽量圆润悦耳。培训师发音的标准度和咬字清晰度也是非常关键的，这将直接影响学员的听觉效果，所以培训师的普通话一定要标准。声音条件除了先天形成，后天还可以进行修炼，最终目的就是让学员听起来自然舒服。

③语调。语调的运用控制需要一定的技巧，好的语调不会让学员产生厌烦情

绪。培训师要根据课程的内容和进度不断改变自己的语调，尽量做到抑扬顿挫、跌宕起伏，不能从始至终都是同一个语调，不然容易引起学员的听觉疲劳，对培训效果产生负面影响。

3. 营造良好的课堂氛围

一个好的课堂氛围，可以引导学员进入好的学习状态。优秀的培训师都懂得营造一种好的课堂氛围，那么通过什么方法营造呢？

①精彩的开场白。引起学员的关注和兴趣，上文已经讲过。

②交流的小活动。给学员提供适当的交流时间和空间可以活跃课堂的氛围，提高学员的参与性。

③穿插故事笑话。在课程的设计和讲授的过程中，适当地穿插一些笑话和动人故事可以改变较为沉闷的氛围，但是穿插的笑话要把握一个度，尽量紧贴课程内容。

④适当地提问题。培训师在讲授过程中适当地提问题可以提高学员的关注度，同时形成互动，提升学员学习的积极性。

⑤视听辅助运用。在课程的设计中，可以结合视频短片、精彩图片、背景音乐，这样会让课程更具生动性，不至于出现枯燥的氛围。

⑥适当地结合一些团队游戏。

以上三个方面就是做好"演"的关键技巧，其实除了这些还有很多其他的技巧，例如如何消除上台的紧张情绪、如何临场发挥、如何收尾等，做好这些需要一个字"定"，"定"就是要靠自己平时不断地学习和锻炼。

4. 培训助理的配合

一场成功的培训绝不是培训师一个人的事情，需要有辅助人，这个人就是培训助理，他可以做很多培训师在讲授过程中不能做的事情，起到一个辅助的作用。培训助理的主要作用体现在以下几个方面。

（1）提醒培训师按流程执行培训的各个环节

培训师到了台上随着课程的发挥，容易在时间把控、讲授方向等方面出现误差，这时候培训助理就需要给予培训师一定的提示，以便顺利完成全部课程。

（2）维护培训纪律

培训纪律的好坏直接影响到培训的效果，除了培训师自己把握外，还需要培训助理在现场跟进维护。

（3）适时沟通

培训进行时，培训师需要对现场或者场外一些临时的需求进行沟通联系，但是培训活动不能中止，所以这时培训助理可以进行及时地沟通，以使培训活动顺利进行。

（4）处理突发事件

在培训活动中随时可能出现突发事件，例如停电、麦克风无声、电脑死机等突发事件，这时培训助理要及时协助处理，避免尴尬场面。

第四节　企业员工培训的实施

培训是建立在培训需求分析的基础上的，培训需求分析明确了管理人员所需提升的能力，下一步就是要确立具体且可测量的培训目标。

为了提高员工的执行力、工作效率、管理能力，降低沟通成本，引导员工调整心态，提高员工参与培训的积极性，增强培训的有效性，推动员工个人目标和企业目标的实现，需要培训活动有效实施。

市场的竞争就是人才的竞争，培训作为提升人才技能的重要工具，被越来越多的企业重视，但是如何让人员从每场培训中受益，如何让制订的年度培训规划/计划落实，成了许多培训组织者头疼的问题。因为培训实施中的工作千头万绪，一个环节不注意，就有可能使培训无法达到期望的效果。企业制订培训实施方案要注意结合实际，使方案具有可执行性；要使方案兼顾培训与日常运营的协调，既要完成培训任务，又不能影响企业正常运行；要考虑方案的经济性，既不能因为培训经费的限制而削减必要的内容，也不能因为经费充足而增加无谓的部分；还要注意方案的灵活性，既要克服困难，又要及时结合企业内部、外部的情况进行调整。

一、培训实施中的常见问题

①没有开展培训实施调研，培训重点与学员的期望不一致；很多学员不了解培训内容，没有做好相应准备，只是被动地听，培训没有解决他们的困惑。

②培训准备不周，缺乏统一协调组织，缺东少西，往往事到临头才发觉很多东西没有准备好，整个培训过程总是显得手忙脚乱。

③培训过程中常常发现意想不到的问题，如培训偏题、培训冷场等，培训师在台上干巴巴地讲，学员在台下交头接耳，许多培训组织者对此束手无策。

④培训结束后就万事大吉，培训后续工作没人管、没人问，培训内容得不到落实。

二、成功培训的四项工作

要让培训成功举行，要把年度培训计划落地实施，需要做许多工作，主要有四项，即培训实施计划制订、培训筹备组织、培训现场实施和培训后续服务。实施计划确定的是培训主题，培训组织是通过人财物筹备为培训提供保障，通过现场实施解决培训中随时出现的问题，通过后续服务工作为整个培训画上一个圆满的句号，做到有始有终。这四项工作环环相扣，缺一不可。

（一）培训实施计划制订

在开展某项培训前，首先需要做出该课程的实施计划，作为整个培训的行动纲领。培训实施计划是年度计划的延伸和细化，年度培训计划确定的是大体的培训课程框架，而实施计划是把课程框架落实为详细具体的实施步骤。实施计划的主要内容包括：培训目标、培训人员、培训课程、培训师、培训内容、培训场地、培训时间、培训形式等。当然，计划内容可以根据培训的重要程度适当删减，重要、复杂的培训要求详细具体，不太重要的培训计划的内容可以简单笼统些。

1. 培训目标明确

为什么要举办这场培训，培训要取得什么样的效果？这需要在培训前明确确定。培训目的也为以后培训评估提供了衡量标准。培训目的要求尽可能地具体和可以衡量，培训目标要求人员能够制定、分解自己的工作目标。

2. 培训人员分析

人员分析，是对受培训人员的学历背景、工作经验、素质能力等状况进行综合分析，将这些综合指数告知培训师，以便其设计更有针对性的内容，使不同层次、水平、等级的人员按不同的速度掌握知识和技能，避免出现良莠不齐的人员一起培训，培训师对培训课程和讲课深度无法把握，其他人被迫"陪读"的情况。

另外，还可以根据人员的工作性质、时间状况等，安排人员进行分批次培训。

3. 培训课程调研

培训课程调研，主要确定此次培训的重点是什么，人员对哪些方面最关注、最欠缺等，这样就能达到缺什么、补什么的目的。例如客户经理培训，就需要了解其是哪方面不足，是基础知识不牢、客户拜访犯难还是谈判技巧不够，是希望理论传授还是实战演练等。调查得越详细，课程设计就会越有针对性。另外，对原先培训课程的调研也不能忽视，如举办过哪些培训课程，学员最满意/不满的地方是什么，什么样的培训师最受欢迎等。通过调研可以充分了解学员的关注点，设计最合适的课程。同时培训人员参与调研，他们学习的热情也会大大提升。

4. 培训师确定

挑选培训师需要从培训师的知名度、专业性、价位等方面综合考虑，对培训师的确定需要及早进行，尤其是外部培训师，因为培训师的联系、甄选和谈判需要一个过程。而且，很多优秀培训师的时间都排得很紧，而且经常需要从多个培训师中才能挑选出一个最合适的。聘请外部培训师需要提前一个月甚至数月就要着手准备、预约，否则很可能找不到合适的培训师。当然，内部培训师的安排就不用如此费力了。

培训师确定后，双方的信息沟通非常重要，培训组织者需要把培训学员的具体情况，如调查结果、人员素质、组织准备等情况向培训师详细说明，同时对培训师的情况也要了解清楚，如讲课特色、需要的设备、特别要求等。另外，要求培训师做好充足准备，否则虽然培训师很有名气，但没有准备好，讲课效果也可能不好。

5. 培训内容设计

培训师根据培训组织者提供的信息资料，进行课程设计。课程设计包括两部分，一是培训提纲的设计，作为发布培训计划/通知之用，让学员及早了解培训的主要内容；二是培训讲义的设计，让学员按照此学习。

培训师或培训机构设计完培训提纲和讲义后，培训组织者要认真审核，征求相关人员意见，对课程中不恰当之处，及时要求对方修改。对于企业内部培训师来说，可以采用小规模试讲的方式，由相关人员对其课程提出具有针对性的改进意见。

6. 培训场地选择

不同的培训需要选择不同的场地。理论或操作性不强的培训可以在常规的教室进行，游戏活动多的培训就需要教室桌椅能够方便移动，实践性操作课程要在操作现场或者能够实施操作的地方进行。如果培训需要外部场地，需要提前预订并进行现场勘察等，这些都要在制订实施计划时明确表达。

7. 培训时间落实

如果是自主开发的培训项目，培训时间的落实要注意两个方面，一方面是了解学员是否有时间，需要协调各参与者的时间和企业相关活动的时间，避免时间撞车；另一方面是确定培训师的时间，特别是合适的外聘培训师是否有恰当的时间，这需要双方磨合，相互协商。如果各方面时间不是很好协调，具体培训时间也可以适当地拖后或前延。若是传统的上级培训项目，学员的培训时间不是问题，问题在于培训师的时间需要较早确定，以防接近培训时再发生调整、更换。

（二）培训筹备组织

确定了培训师，编制好培训实施计划表之后，就要进行培训的倒计时准备了。这个阶段的工作特别多，主要是一些事务性的工作，琐碎繁杂，需要其他部门人员参与协助，需要考虑周全，把各个细节做好。

1. 组建培训项目小组

建立项目小组主要是协调培训中的各项工作安排，确保培训如期、圆满地完成。项目小组的组建可以根据培训的重要程度、复杂程度灵活安排。如果属于企业重点培训，在培训计划期间就应该成立项目小组；如果培训属于按部就班，企业各类培训资源比较齐全，就不需要成立项目小组，临时协调一下就可以了。

人员确定之后，需要召开项目小组会，明确各个人员在项目中的工作内容和责任，制订培训实施的倒计时工作计划，对培训所有环节及事项做具体安排，确保每个环节都有专人负责，并做好相应的应急处理准备。

2. 项目小组人员分工情况

①培训场地。场地要根据培训的具体情况确定，桌椅要根据培训师需要安排适当的形状。如果做游戏活动，就需要桌椅能够活动；如果以讨论为主，安排成八字或环形最合适；单纯的讲课则以常规性的课堂摆放即可。场地光线要好，能

够通风，不能空气污浊，有异味。培训场地要有窗帘，一是防止刺眼，二是投影可以看得清楚。培训设备要进行细致检查，如空调、通风设备、线路等运转是否良好。培训设备要事先调试，如电脑与投影仪匹配性、麦克的效果等。如果培训师有什么特别需求，都要预先沟通并做好相应准备。

②培训后勤准备。后勤准备主要有几大块：人员饮食、交通安排是否有专人负责；培训资料的准备，如讲义、表格的打印、复印，确定相应的份数；培训师的服务，特别是外部培训师，包括培训师接送、饮食和票据的预定报销等要有相应的程序；培训特别安排，如领导讲话、节目表演、摄影拍照、特别活动等，要具体落实并妥善准备。另外，培训一定要有应急准备，如准备好复印机，随时复印各种资料等，容易出现故障的设备／工具要有备用，以免培训出现意外时再匆忙去找。

（三）培训现场实施

培训准备完成后，就开始了现场实施，这是人们容易忽视的一个阶段。人们通常认为培训师请了、学员来了，直接培训就可以了，这种观念往往导致出现的问题不能及时处理，培训效果欠佳。对于培训组织者来说，在培训现场，他需要担任三种角色，即培训主持人、培训师助手和学员服务者，这样才能让培训成功实施。

1. 培训主持人

这是毫无疑问的，组织者要从头到尾跟踪培训，这时他需要做的工作如下所述。

①培训发言主持。作为主持人，要做开场白，包括培训师介绍、培训议程、纪律宣告、饮食安排等；要做好结束致辞，如感谢人员参加、感谢培训师培训、布置培训后续工作；要宣告培训中的各类安排，如中场休息、培训发言、特别说明等。

②把握培训主题。要随时注意培训的内容，不能偏离主题，尤其是学员讨论偏题甚至出现企业避讳的话题。这时会议主持人要及时出场纠偏，把他们拉回到预定的轨道上来。

③培训内容调整。根据人员反馈情况，及时调整培训时间或课时安排。如果人员对培训师的培训特别兴奋，就需要适当延长培训时间或者临时追加一些特别

活动，如课下座谈研讨等形式，把讲课效果充分发挥出来。如果培训效果很差，就要采取措施补救，如调换培训形式、缩短培训时间、切换培训主题等。如果这些还不能奏效，就要果断取消培训，把它作为教训铭记在心。

2. 培训师助手

培训组织者要作为培训师的助手，协助培训师把培训做好，要做的工作如下所述。

①培训事务配合。培训师有许多事务性工作，如讲义问卷下发回收、培训器材调换准备、人员分组安排、协助统计分析等，都需要培训组织者来配合完成。

②培训内容配合。培训组织者要积极配合培训师，尤其是出现冷场时，要采取带头参与活动、复述培训师要点、适当提问等形式与培训师互动，帮助培训师把气氛搞好。

③特殊情况处理。如果培训师在培训中出现特别情况，如培训中出现对立、骚动甚至尴尬下不来台时，这时培训组织者就要站出来进行调节，通过转变培训方式、与学员沟通、相互研讨交流等方式，帮助培训师克服这类情况。

3. 学员服务者

作为培训组织者的客户，学员的服务工作一定要跟上，这样才会有满意度。

①听取学员意见。培训组织者要积极听取学员的意见，如培训师培训的优缺点、讲课速度的快慢、培训内容的深浅、培训形式的认可度、培训疑难解答等，要把学员的意见及时反馈给培训师，并与培训师协调改进，争取让学员满意。

②观察学员反映。培训组织者不仅要听取学员意见，还要眼观六路、耳听八方，察看学员的表现。如果学员对培训内容无动于衷、哈欠连天、交头接耳甚至是不断离场等，这时就要主动询问原因，让培训师及时调整课程内容或形式。

③培训后勤服务。后勤服务必不可少，如人员饮食安排、现场录像拍照、现场环境清洁、紧急情况处理等，这些都需要培训组织者安排解决。

（四）培训后续服务

培训结束后，要做好评估测评工作，评估包括通过学员对培训师的评估、培训组织者的问卷评估等，看看培训师及培训组织者是否让学员满意。测评主要是通过培训现场测评、会后交流分享、结合工作写培训心得等形式，让培训组织者了解学员的掌握程度，加深学员对培训内容的理解。

1. 培训资料整理

培训完后各类资料要进行收集整理，如学员资料，包括培训签到表、培训评估表、试卷心得等，要作为学员的培训档案存档，为今后晋升、调动提供依据。另外，培训过程中的讲义、问卷资料，采用摄录设备记录的培训录音、录像、胶片文档等资料，要作为今后继续培训和学习的资料，妥善保存。

2. 培训跟踪服务

要把培训内容及时用于工作中，让人员强化吸收。例如站长培训，就要把参训学员培训结束后对于工作的实际帮助和解决问题的效果作为检查依据；而客户经理培训中的销售技巧培训，也要经常通过人员模拟实战演练来趁热打铁。另外，要把学员在培训实施中出现的问题及时反馈给培训师，让其及时解决，如提供相应工具、培训回访等。

3. 培训总结提升

针对培训的优点、缺点、疏漏及不足之处，及时进行总结检讨。通过项目组会议、撰写培训报告等形式，把好的经验进行积累提升，针对不足之处提出重点改进措施，这样就为今后的培训做了良好的铺垫。

通过实施计划、培训组织、现场培训和后续服务几个环节，就能把写在纸上的培训计划／年度培训规划成功地落地实施，人员能切实从培训中获益，培训的满意度也会大大提升，这样培训就会真正地提升企业的竞争优势。一个人取得成绩是一个企业技能的进步，而作为培训的实施与管理者，他们肩负的不仅仅是完成培训任务的责任，还肩负着一个企业兴衰荣辱的使命。

第七章　企业员工培训效果评估

第一节　培训效果评估的内涵、作用和内容

一、培训效果评估的内涵

评估，一般认为是与评价相近的概念。在实践中，评估与评价常常被人们当作同一概念在同一意义上加以使用。评价（evaluate）即评判价值，就其内涵来说，它与价值这一概念有关。在英语中，评价一词由词干"valu"加上词头"e"和动词性词尾"ate"组成。其中"valu"意为价值，词头"e"的意义等同于"out"，意为引出。评价即为引发和阐发价值，从本质上说，评价是价值判断的过程。

什么是评估呢？"评"是评价、评判、评定之意，即弄清对象的价值高低、质地优劣。本来，既然是评定，也就是可以断定了，但是这种断定又只是属于揣度、推测、估价、估量，只能说"估计是如此"，不能说"绝对必然地就是如此"，这就是"评估"的含义，即评价与估量。也就是说，评估是一种模糊定性的评价。在科学管理中，评估起着一种特殊的信息反馈的作用，它通过对现状与目标之间距离的判断，有效地促使被评对象不断逼近预定的目标，不断提高工作质量。

企业员工培训是一个复杂的系统工程，这一系统又包含着三个子系统或称为三个阶段，即计划子系统（计划阶段）、实施子系统（实施阶段）、评估子系统（评估阶段）。企业员工培训评估是企业人力资源开发过程中的重要一环，它既是上一次企业人力资源开发活动的收尾工作，也是下一次人力资源开发活动的起始环节，因此不进行企业员工培训评估就等于没有完成人力资源开发过程。

企业培训效果评估，是指企业人力资本投资项目完成一段时间后，以实际情

况为基础，依照一定的标准，对企业人力资源开发活动的项目决策、设计实施、生产运营效果等全过程进行系统评价的一项经济活动，是人力资本投资项目管理的一个重要内容，也是最后一个环节。通过评估判定是否达到了预期的目标，具体活动中计划、组织、实施与调控工作的绩效如何，各部门、各环节的协调状况、投入产出状况如何等，以便总结经验和教训，提出建议和改进措施，不断提高项目决策水平和投资效果，更好地进行企业员工培训与管理工作。

二、培训效果评估的作用和内容

培训效果评估的作用体现在培训过程的全程评估上。全程评估可以分为三个阶段，即培训前评估、培训中评估和培训后评估。

（一）培训前评估的作用和内容

培训前评估的作用如下所述。

①保证培训需求确认的科学性。

②确保培训计划与实际需求的合理衔接。

③帮助实现培训资源的合理配置。

④保证培训效果测定的科学性。

培训前评估的内容如下所述。

①培训需求的整体评估。

②培训对象知识、技能和工作态度评估。

③培训对象工作成效及行为评估。

④培训计划评估。

（二）培训中评估的作用和内容

培训中评估的作用如下所述。

①保证培训活动按计划进行。

②培训执行情况的反馈和培训计划的调整。

③可以找出培训的不足，归纳总结教训，以便改进今后的培训；同时能发现新的培训需要，从而为下一轮的培训提供数据。

④过程监测和评估有助于科学解释培训的实际效果。

培训中评估的内容如下所述。

①培训活动参与状况监测。目标群体的确认，培训项目的覆盖效率，培训对象参与热情和持久性。

②培训内容监测。培训的构成或成分，培训强度，提供的培训量，培训的频率，培训的时间安排。

③培训进度与中间效果监测评估。培训组织准备工作评估，培训学员参与培训情况评估，培训内容和形式的评估，培训师和培训工作者评估，现代培训设施应用的评估。

④培训环境监测评估。

⑤培训机构和培训人员监测评估。培训机构的规模和结构特征，培训机构的内部分工情况，培训机构服务网点分布状况，培训机构的领导体制，培训机构的沟通和协调机制，培训者的素质和能力，培训者的工作安排，培训者的工作态度。

（三）培训后评估的作用和内容

培训后评估的作用如下所述。

①可以对培训效果进行正确合理的判断，以便了解某一项目是否达到原定的目标和要求。

②受训人知识、技术、能力的提高或行为表现的改变是否直接来自培训本身。

③可以检查培训的费用效益，评估培训活动的支出和收入的效益如何，有助于资金得到更加合理的配置。

④可以较客观地评价培训者的工作。

⑤可以为管理者决策提供所需的信息。

培训后评估的内容如下所述。

①培训目标达成情况评估。

②培训效果效益综合评估。

③培训工作者的工作绩效评估。

（四）培训效果评估的内容

1. 人才效益的评估

由于企业培训对象是企业中的各类员工，包括直接从事生产、经营、管理和专门从事发明创造及开发研究的各类人员。对他们培训的目的主要是使他们在知识、技术、能力、方法、智能和业务工作水平方面有较大的提高，以使他们获得工作的成就感，并为社会进步、企业经济发展做出一定的贡献，也使个人物质利益有所提高。因此，培训效果评估的首要内容就是对人的效益的评估。

（1）知识效益指标

知识效益指标包括三个方面，即岗位业务知识、相关知识、工作技能知识。岗位业务知识是每位受训者必须达到的基本要求，即通过培训掌握完成本岗位工作所需要的业务知识以及新的实用的业务知识；相关知识是指与本工作岗位相关联的知识，因为现代企业中的任何一个工作岗位的知识都不是孤立的，为高效地完成本职工作，必须对相互交叉和渗透的知识进行培训、学习、了解；工作技能知识不仅包括完成本岗位工作任务所必需的工作方法、技能、技巧、技术，还包括岗位发展中的新知识、新技术、新方法、新技能、新技巧。

（2）能力效益指标

能力通常指人们完成某种活动并直接影响其效率的本领，包括完成某种活动的方式和所必需的能力条件。培训评估中对能力效益的评估指标主要有以下几个：智力，主要指完成各类岗位工作所需要的智力基础，如工作中的观察力、记忆力、思维力、想象力等。主动能力，主要侧重能否主动、积极地进行探索，并善于分析、提炼、归纳、解决问题和对事物做出正确的判断。协调能力，主要是指受训者在学习和工作活动的过程中能否随时解决、调整好工作中的各类矛盾及冲突，能否妥善处理好人与人之间、人与团体之间的各种工作或人际关系。此外，个体的工作计划能力、支配与组织能力、及时调整与改进能力、与人合作协调及共事能力等也都属于协调能力评估的范畴。技术能力，指各类受训者能运用工作技巧熟练地解决岗位工作中具体问题的能力，对于不同岗位职务的人员有着不同的标准。

2. 经济效益的评估

（1）培训机构经济效益的评估指标

培训机构的经济效益的评估指标，主要是指培训成本的控制和其他培训收益。培训作为企业的一项特殊支出，其评估内容如下所述。

第一，各类培训的预算。对各类培训预算的评估主要看其是否有详细的项目预算计划，预算是否合理，采用什么办法进行预算。

第二，培训的预算报告。该项主要是对预算报告进行评估，看其内容是否合理、明确。重点评估的内容有：培训活动的目标，能从培训中获得哪些收益，可选择的预算方案有哪些，如何选择更好的方案，各项活动需要多少资金等。

第三，预算的执行情况。主要评估各项预算的编制审批程序和预算执行情况、结果等。重点评估超预算费用项目和节省经费的原因是否合理。

（2）企业经济效益的评估指标

对企业经济效益的评估，主要体现在以下几个方面。

首先，是否提高了生产绩效。可以通过培训前后员工生产绩效统计分析，测定培训所带来的绩效。例如，培训提高了服务质量，从而使顾客满意；培训提高了管理者的经营、管理和决策能力；培训提高了员工对各项制度执行的自觉性，使企业更具有竞争力等。

其次，是否增加了生产的经济收入。可以通过具体的统计数据计算出经济增长的实际比率。例如，培训后的员工在工作中获得了更多成功的机会，劳动强度的改变、人为事故的减少等，从而促进了企业经济的增长速度和质量。

最后，是否降低了成本开支。例如，通过培训企业生产过程中次品、废品、作业差错率减少，出现了高效率、高质量的生产经营方式，可以降低生产及经营成本，提高经济效益；改变员工的工作表现和作业过程中的行为方式（操作熟练），大大地降低了生产成本；科学的管理手段与方法，促使生产经营成本的下降，使企业获得可观的收益。

3. 社会效益的评估

社会效益的评估，旨在评估通过培训对社会产生了哪些有益的影响和取得了哪些与培训有关的社会成果。由于社会效果的评估，必须调查了解许多培训项目以外的因素，因而有时难以进行量化分析，所以一般是对某些与培训相关的宏观社会现象进行衡量，如培训是否有利于社会人力资源的开发，是否提高了人们的环保意识等。

第二节　培训效果评估理论及主要模型

一、培训效果评估理论

关于企业培训效果评估的理论，在国内外的研究中并没有哪位学者明确系统地提出来，因此，它并没有形成一个独立而完整的理论体系。由于企业培训效果评估本身就是一门边缘学科，它与管理学、经济学、心理学、教育学有着天然的联系。因此，与企业培训效果评估相关的理论研究都是针对某一方面展开的，但这些理论都在不同角度或多或少地影响着企业培训效果评估的理论发展和管理实践。对企业培训效果评估有较大影响的理论有人力资本理论和培训转化理论。

（一）人力资本理论

人力资本理论是近几十年来经济学理论智慧的重要成果之一，它主要探讨人力资本的基本特征、形成过程、投资形式及投资收益等问题。它对经济学和管理学的许多学科产生了深远影响，尤其是把劳动经济学带入了一个崭新的阶段。人力资本思想源于对人的经济价值的研究。英国古典政治经济学创始人之一的威廉·配第采用人的未来收益的现值计算了英国人口的货币价值，并在 1676 年将作战中的军人、武器和其他军械的损失与人力的损失做了比较，这被认为是西方人力资本思想的萌芽。首先较为系统地论述人力资本思想的则是英国古典政治经济学鼻祖亚当·斯密，他的许多思想成为后来人力资本理论形成的直接源泉。他认为劳动力是经济进步的主要力量，全体国民"后天取得的有用能力"都应看作资本的一部分，也就是说人的劳动技能应视为资本，并按其劳动成果取得足以补偿其所付资本的报酬，这实际上已经涉及人力资本的价值确定及收益分配问题。另外，亚当·斯密还对人力资本的投资及其收益问题进行过相应的论述，他认为"学习一种才能，需受教育，需进学校，需做学徒，所费不少……工人增进的熟练程度，可和便利劳动、节省劳动的机器，和工具同样看作是社会上的固定资本"。这些思想对后来的人力资本投资理论的形成起到决定性的作用。

作为较为完整的人力资本理论是在 20 世纪五六十年代解释"经济增长剩余"的过程中形成的。20 世纪 50 年代，一些美国经济学家在对美国经济增长的研究中发现了一个令人困惑的现象，即美国的产出增长率远远超出了生产要素投入增长率，而根据传统的经济增长理论，两者应当相等，因为产出的增长只取决于资本和劳动力投入数量的增加。这个"增长剩余"究竟是从何而来的呢？这就是"现代经济增长之谜"。在求解此谜的过程中，现代人力资本增长理论应运而生，其奠基人是美国经济学家西奥多·W.舒尔茨。他认为："这个难题在很大程度上是由我们自己造成的，因为我们一直在使用的资本和劳动的估计是经过纯化和狭义化的，这就是说这些资源的许多质量改进都被排除在外……在此同时，经济学家遇到的无数迹象表明，人力资源的质量改进是经济增长的重要根源之一。为了探讨这些迹象隐含的意义，有必要提出一套将人包括在内的投资理论。"这一论述成为现代人力资本理论正式形成的标志。同时期，明塞在其博士论文《个人收入分配研究》中，从人的后天质量差别及其变化入手，阐明了工人收入的增长和个人收入分配差别缩小的原因是人们受教育水平的普遍提高，是人力资本投资的结果，他还在后来发表的《人力资本投资与个人收入分配》和《在职培训：成本、收益及意义》等文章中系统地阐述了人力资本投资与个人收入及其变化之间的关系。真正完成现代人力资本理论框架构建工作的人是美国经济学家加里·S.贝克尔，他从家庭生产时间价值及分配的角度系统阐述了人力资本生产、人力资本收益分配规律以及人力资本与职业选择等问题，为现代人力资本理论提供了坚实的微观基础，使其更具有科学性和可操作性。

人力资本理论的产生和发展，加强了人们对人力资源尤其是人力资本投资概念的知觉，企业培训效果评估也随之得到了重视。同时，人力资本理论的定量分析也使得理论界开始研究如何更好地进行培训效果评估。

（二）培训转化理论

在培训效果评估过程中有一个培训效果的转化问题，即学员在接受培训后，培训的内容是否被消化吸收、是否被转化到学员的现实工作中，这是一个学习转化的过程，也是一个心理转变的过程。在这里，主要介绍三种影响培训效果评估的培训转化理论。

1. 同因素理论

同因素理论认为培训转化只有在受训者所执行的工作与培训期间所学内容完全相同时才会发生，而能否达到最大限度的转换，取决于任务、材料、设备和其他学习环境特点与工作环境的相似性。同因素理论特别关注"转化力"。按照同因素理论设计培训评估方案应考虑的一个重要问题是,培训和实际执行中的行动、行为方式或知识之间的关系。

2. 激励推广理论

激励推广理论指出,理解培训转化问题的方法是建立一种强调最重要的一些特征和一般原则的培训,同时明确这些一般原则的适用范围。激励推广理论强调"远程转换"。"远程转换"是指当工作环境(设备、问题、任务)与培训环境有差异时,受训者在工作环境中应用所学技能的能力。

3. 认知转换理论

认知转换理论是以信息加工模型为基础。这一理论认为,培训效果转换与否取决于受训者恢复所学技能的能力。该理论认为培训者可通过向受训者提供有意义的材料来增加受训者将工作中遇到的情况与所学能力结合的机会,从而提高转换的可能性。员工在接受培训后,可以通过制订实践计划使自己在工作环境中发现适当的线索(问题、状况),增加其回忆培训内容并将其用于工作中的可能性。

从上述介绍中可以看出,培训效果评估的理论基础——培训转化理论是不断发展的。这些理论体现了培训效果评估的管理实践和心理学理论研究的结合。在许多组织中,培训效果评估是组织管理的一个重要组成部分,管理的实践又为培训效果转化理论研究提供了丰富的素材,而理论研究的意义在于使人们掌握科学理论,以增强培训效果的转化效率。

二、培训效果评估的主要模型

培训效果评估理论研究最早可以追溯到 1959 年,当时美国威斯康星大学的柯克帕特里克在其博士论文中开始了培训效果评估方法的研究,并于 1959 年、1960 年两年间连续发表了四篇文章,详细阐述了培训评估的层次模型的思想和方法,柯克帕特里克的四层次评估模式成为最常用的训练评估模式。

与柯克帕特里克的四层次评估模式的研究对象不同,斯塔弗尔比姆将培训项目本身作为一个对象进行分析,根据项目组织过程的规律,提出了关于培训效果的 CIPP 评估模型。1974 年汉布林认为应该增加两个方面的评估,一是对行为产生的结果进行成本效益分析，二是评估培训结果对企业战略目标的影响，并提出了汉布林模型。1991年菲利普斯认为柯克帕特里克的四层次评估模式不够完整，他认为尽管第四级评估标准包括产量、质量、成本、时间和客户满意度等，可能产生了可以衡量的业务影响，但是也许培训项目本身的成本很大，甚至高于收益，因此需要再增加一级评估，其重点是将培训所带来的货币利润与成本进行比较，只有这样整个评估过程才算完整。因此，菲利普斯提出了五级投资回报率模型。

从20世纪70年代至今，培训效果评估研究的焦点已经开始积聚集到培训的投资回报率的研究上，诸多计量方法也被引入研究中。例如，统计方法、会计方法、计量经济学方法等，试图对培训产生的效益进行评估。1962年利用经济学对人力资本投资回报的研究成果，有学者提出了培训收益的计算模型。除了经济学的分析方法以外，更多的学者从企业的实际出发，研究企业的培训投入、产出。1985年史派克和科恩两位学者提出了培训收益函数。

（一）四层次评估模式

国际著名学者、威斯康星大学教授柯克帕特里克于1959年提出了四层次评估模式。

这个模式将培训评估划分为四个层次：反应层，即评估学员对培训方案的反应，包括学员对培训项目结构、内容和方法的看法；学习层，即评估学员在培训项目中的进步；行为层，即评估培训项目使学员在工作行为和表现方面产生的变化；结果层，即评估上述变化对组织发展带来的可见的和积极的作用。这个层次评估中前两个层次主要是对培训的过程进行评估，而后两个层次主要是对培训的结果进行评估。

柯克帕特里克的评估模式中，评估层次主要是以受训学员为评估效果的对象，根据评估对象的活动状况进行划分。在层级划分上，依据行为学的研究结果，由表及里、由观念到行为直至结果的变化规律进行划分。

（二）CIRO培训评估模型

1970年美国学者伯德、奥尔和莱克哈姆提出了CIRO培训评估模型。

CIRO培训评估模型包括：背景评估，输入评估，反应评估，输出评估。

（三）五级评估模型

1996 年菲利普斯在柯克帕特里克的四层次模式的基础上增加了第五层，即财务评估层，它是对培训效果的一种量化测定，是通过财务数据来说明培训对企业经济利润的影响。其具体内容如下：一是关于培训项目所需资源的可能性评估，即分析企业的各项人力、物力和财力，能否保证培训的成功，以及反应内容的评估，包括培训的方法、手段和程序的接受情况和效用情况；二是掌握评估，了解受训人员对所培训的知识和技能的掌握情况；三是应用评估，评估个人和团队受训后在工作中的表现情况，以及对所培训知识和技能运用的情况；四是组织效益评估，主要评估由培训所带来的行为变化产生的组织结果，以及培训对于组织的贡献和回报情况；五是社会效益评估，评估培训项目对企业外部主体的影响，包括客户、供货商等相关主体的获益情况。

（四）培训效果的计量评估模型

1. 满意效用比和技术匹配模型

满意效用比是先由一定的培训人员和培训师以及刚完成培训的学员根据知识、技术、能力和其他人员特征运用头脑风暴法进行指标体系的建立，然后运用专家打分法对指标体系进行评估，根据统计得到数据，并运用相关方法进行计算。

技术匹配模型是用专家打分法对知识、技术、能力等指标进行打分，从而评估培训需求的重要程度，确定培训的重点。

2. 评估企业整体培训投入、产出的会计计量模型

企业新增的价值由物质资本和人力资本共同创造，增加值中既包括物质资本的投资回报，也包括人力资本的投资回报。培训是企业人力资本投资的主要方式之一，如果要计算培训带来的价值，应首先计算人力资本的增加值，其次将非培训因素带来的人力资本增加值剔除，即可以计算培训的收益。在此思路基础上，通过对基本模型中各项会计要素的确认和计量，提出了计算人力资本收益率的公式。通过对人力资本投资收益率的计算，评估培训的收益。

第三节　企业培训效果评估流程及发展趋势

一、企业培训效果评估体系设计思路

（一）企业培训效果评估体系的评估原则

评估原则是评估理念的具体化，能否提出科学的评估原则，对于企业制定评估指标体系、开展评估活动、提高评估质量、发挥评估功能都有重要的意义。

1. 定量评估与定性评估相结合

为了避免单纯定性评估的主观性，克服单纯定量评估的机械性，必须坚持定量与定性评估相结合的原则，形成一个完整的评估过程。进行培训效果评估时，在第一阶段先进行定量分析，将培训效果分解为多项评估要素，再给每项要素分派分值，最后计算出培训效果的得分。只要以上操作环节比较精确、科学，得到的分值就可在相当程度上反映培训效果的水平与价值。定量评估是定性评估的基础和依据，定性评估是培训效果评估的第二阶段。这个阶段要对培训效果的整体水平做出判断、确定培训效果的等级，此时做出的定性评判，有扎实的定量评估作为基础，因而结论是可靠的。

2. 综合评估与重点评估相结合

所谓综合评估，是指不仅要对计划、组织管理、方法、效果进行评估，还要对人力资源培训开发的教材、教学的组织计划、培训者、受训者等进行评估，从而使评估工作贯穿教育培训工作的全过程。重点评估是指应突出对教育培训效果的评估，即教育培训评估的关键是看通过教育培训，员工的知识、技能是否有所增加，工作态度是否有所改善，员工的工作绩效是否有所提高，是否实现了教育培训目标。

3. 实事求是

实事求是是指培训效果的评估应该是客观可信、符合实际的，这样才能较确切地反映评估的真实水平。如果主观臆造，那么所做的评估就不会有生命力。依据评估目的的要求，评估时既要对对象的现状做出判断，还要对对象的发展趋势和规律做出判断。

（二）企业培训效果评估体系设计的经验借鉴

企业在设计培训效果评估体系时，可以借鉴一些成功做法。

朗讯的培训效果评估以柯克帕特里克的四层次模式为基础，评估主要包括四个层面：反应层面，主要评估内容、讲师、方法、材料、设施、场地、报名的程序等；学习层面，主要的评估方法有考试、演示、讲演、讨论、角色扮演等多种方式；行为层面，主要有观察、主管的评价、客户的评价、同事的评价等方式；结果层面，将企业或各部门最关注的并且可量度的指标，如质量、数量、安全、销售额、成本、利润、投资回报率等，与培训前进行对照。

摩托罗拉将整个培训的评估分为四个水平，即水平一：考查学员对所学课程的反应如何，其目的在于考查学员对课程的满意度；水平二：考查学员对课程内容的掌握情况；水平三：考察学员是否将所学的知识转化成了相应的能力；水平四：投资回报率，考查培训投资为各事业部及员工个人所带来的效益。

联想建立了四级培训评估体系：反应评估、学习评估、行为评估和效益评估。联想在前三级评估上都有大胆的尝试并积累了一些经验，特别是在行为评估上，因为任何培训只有落实到学员的行为上才能发挥真正的作用。在总裁室的管理培训和核心价值观培训后，公司会要求每个学员制订自己的行动计划，并在下一次培训中检查落实情况。在新任经理管理技能培训后，公司会要求学员的主管上级和学员本人对学员培训后的行为改进进行评价，以从不同角度考察学员的培训效果。在大客户销售技巧培训后，公司会教会学员主管上级使用一些销售辅导的工具，以对参加销售技巧培训的学员进行具有针对性的辅导。

上述公司培训效果评估具有共同特点：一是评估中最常用的模型是以柯克帕特里克的四层次模式为基础。二是科学确定不同培训项目的评估层次。三是注意选择合适的评价时间，即在培训结束多长时间后再来评价。间隔时间太短，学员可能还未熟练掌握，难以反映培训的长期效果；间隔时间太长，多种因素的影响增强，难以评测。四是加强与主管部门的配合。五是在第四级评估中充分利用咨询公司的力量。因为这个层面的评估比较复杂、专业，占用的时间和精力也很多，人力资源部门要充分借用咨询公司的经验和人力，有些事情可以外包出去。

（三）企业培训效果评估体系的设计原则

培训效果评估必须具体可行，并合乎企业特点，以最终达到修正和完善培训计划的目的。为此，企业在设计培训效果评估体系时必须坚持以下原则。

1. 坚持实用性

培训评估要能够给决策者提供实用的资料，能够满足其制定决策的需求。评估设计中需要将对能力的评价放在首要位置，因为员工培训的主要目的不是知识的积累，而是职业、岗位工作技能的提高。员工培训是在培养能力的前提下传授知识，在传授知识的基础上开发能力。此外，培训评估系统的设计要能够反应培训所取得的经济效益和社会效益，为企业决策服务。

2. 建立培训效果评估的指标体系

建立指标体系时，要考虑评估标准的科学性、可测性和简易性。正确地评估培训效果是一个很复杂的过程，这是因为培训效果具有多因素、多变量、界线模糊等特点，科学地进行定量分析是比较困难的。坚持评估标准的科学性就是要努力做到合理分解评估项目与要素，合理确定各项评估指标的权重，合理确定各等级评估要素的分值。评估标准不但要具有科学性，还要有可测性。因而要对每一具体评估要素做出定性规定，使评估指标具有可操作性。

3. 按照可信性要求合理使用测评工具

可信性是培训效果评估应该具备的一项重要特性。如何保证评估的可信性，主要体现在评估的工具上，也就是说评估工具是培训效果评估是否可信的重要保证。

4. 完善培训效果评估的支撑平台

首先要完善培训评估的组织模式，其次要规范培训评估的流程。

二、企业培训效果评估流程设计

（一）培训评估的组织领导

企业培训效果评估工作主要由企业培训主管部门、员工培训的实施单位共同组成，并聘请专业的培训评估人员参加。他们的主要职责是制订培训评估计划，确定评估方案，组织评估过程，协调评估中各部门的工作，考核评估结果，使评估工作科学化、规范化和程序化。

（二）培训效果的评估流程

通常意义上的流程是指为达到某种目标在逻辑上相关并不断变化的一系列作业活动。这里所说的培训评估流程，指的是整个评估过程的程序和规范，并对评估过程的每一环节进行阐述，它的显著特点是系统化和条理化。有了评估流程后，可以减少评估人员的主观随意性，提高培训评估的科学性和有效性。同时，评估流程中每一环节有相对灵活性的特点，企业应根据自身实际情况进行灵活应用。

评估流程需要遵循以下三个原则：一是效率原则，既能成功进行评估，又不浪费资源；二是可行性原则，即评估方案所要达到的目的在逻辑上有可能，所需的数据能得到，人员、设备、资金可以落实；三是完整性原则，评估流程应该是一系列评估活动逻辑连接的循环链，这个链是闭合模型，也不排除外部有益信息的吸收。各个环节都要周密考虑，并充分考虑资源的合理配置，用较经济的投入取得可靠而丰富的产出。

1. 确认评估是否有必要

因为评估要投入资源和精力，也会占用培训的时间，因此必须进行成本和收益的分析与比较。在进行成本和收益的比较时，应重点考虑以下几个因素。

（1）重要性

如果评估不成功的话可能造成的重大后果是什么？比如说，如果无法检验职业安全培训是否有效，那么可能发生的后果是什么？

（2）频率

评估数据会不会出来得太晚，而不能及时对培训做出具有针对性的调整？如果评估的是一次性的培训，搜集到的资料能否应用于其他培训评估？

（3）成本

将评估成本与培训成本进行比较。信息来源越广泛往往意味着信息搜集和分析的费用越高。另外，边际效益递减规律适用于从信息中获得的收益。一些信息收集方法可能很便宜（例如邮寄的调查问卷），却不能回答只有通过成本较高的访谈才能得到充分答复的问题。

（4）影响力

当首次在组织中进行评估时，如果评估当前具有相当影响力的培训，可能对组织产生巨大的影响，但风险也会很大；如果评估一个无关紧要的培训，风险会很低，但不会有什么明显收效。因此，必须在两者之间寻求一个平衡点。

2. 培训需求分析

如果确信培训评估是必要的，那么必须进行培训需求分析。培训需求分析是日常培训活动的首要环节，既是确定培训目标、设计培训方案的前提，也是进行培训评估的逻辑起点。只有针对真实的需求进行培训，才能取得良好的效果。在规划与设计每次培训活动之前，培训部门主管和工作人员要采用各种方法和技术对企业及其员工的目标、知识、技能等方面进行系统的鉴别与分析，以确定是否需要培训以及培训什么。如果对没有充分需求的培训项目进行评估，那么评估的结果多半是令人失望的。对许多管理层来说，培训工作"既重要又茫然"，根本的问题在于企业对自身的培训需求不明确，但又意识到培训的重要性。企业对员工的培训需求缺乏科学、细致的分析，使得企业培训工作带有很大的盲目性和随意性。

培训需求分析主要包括：组织分析，就是在给定的企业经营战略条件下，决定相应的培训，并提供可利用的资源；任务分析，即明确任务的职责及各种重要任务对任职者的知识、技能和行为方式方面的要求；人员分析，即判断造成工作绩效不佳的原因是什么，通过培训能否解决这些问题，以便确定谁需要和应该接受培训以及培训的内容，并让其做好培训准备。培训需求分析中所使用的最典型的方法有访谈法、调研法和问卷调查法。

3. 界定评估目标

有科学的培训需求分析为基础，下一步就是确定培训评估的目标。明确评估的目标是进行培训评估工作的前提条件，它决定了评估项目和评估方法。正常情况下，评估目的主要指本次培训评估要了解什么问题和解决什么问题，其关键是要说明培训的作用和证明培训的价值，如评估是为了改进培训工作或评估是为了了解学员的学习状况等。实际上，评估还有别的原因，比如通过培训评估，对培训项目的前景做出决定，对培训系统的某些部分进行修订，或者对培训项目进行整体修改，使其更加符合企业的需要。例如，培训材料是否体现企业的价值观念，培训师能否完整地将知识和信息传递给学员等。更重要的是，培训评估的目的将影响数据收集的方法和所要收集的数据类型。如果评估是为了改进学习过程，那么项目结束时做一个问卷调查是很有必要的。

评估目标的实现程度也是衡量培训效果的重要依据。通过评估企业组织能够获取必要的信息，对培训项目进行修改以帮助企业实现不断变化的培训目标。从这个角度出发，评估指标的科学性是评估环节的关键。为了使评估目标更加科学，评估标准相关度问题将是非常重要的。标准相关度是指培训成果和培训目标所强调的知识、能力和技能之间的相关性。通过评估培训需求，可以了解受训人完成任务需要哪些知识、技能、能力，并将其变成教学内容的一部分。同样，这部分信息也可用来评估培训效果，问题的关键是评估标准的相关度。相关度的确定在于考察评估标准体系中是否包含了与受训岗位工作相关的知识、技能和能力，是否剔除了那些不相关的因素。这是符合管理中的效率和有效性原则的。

在培训项目实施之前，培训主管部门和相关业务主管部门必须把培训评估的目的明确下来。培训评估目标确定后，评估的后续工作才能有的放矢。

4. 做出评估决定

评估决定一般由组织的决策者和培训项目的实施者共同做出。在这一过程中主要完成三项任务：评估可行性分析，确定评估操作者，建立培训评估数据库。

（1）评估可行性分析

在培训评估开始之前，确定评估是否有价值，是否有评估的必要。由于在实践中，培训项目评估是一项耗资、耗力、耗时的工作，因此在评估前需要对评估的目的、内容、要求以及可利用的资源进行综合分析，以决定某一特定培训项目是否应该评估，通过这一过程防止不必要的资源浪费。

（2）确定评估操作者

为了保证评估结果的科学、客观，必须选择合适的评估操作者，并对评估者进行培训。评估者既可以是外部专家，也可以在企业内部选出。另外，业务主管部门、员工的直线管理者以及项目参与者都可以参与评估活动。

（3）建立培训评估数据库

从数据的性质看，分为定量和定性两个方面。定量数据包括：生产率、利润、成本、事故率、设备完好率、员工流动率等。定性数据包括：内外部顾客满意度、士气、工作氛围、工作积极性等。企业培训数据库主要从三个方面建立：一是企业相关岗位的业务指标评估数据库；二是培训学员的技能鉴定数据库；三是培训档案数据库。

5. 评估规划

评估规划是对评估活动的整体行动计划，根据评估目标，选择评估形式、方法和分析模型及确定评估时间表或操作程序的过程。

6. 评估操作

评估操作的主要任务是选择适当的、能够反映培训情况和评估要求的主要指标；确定对这些指标进行测量的工具和方法；用这些指标和工具对培训项目进行客观、准确的测量。培训评估应本着实用、效益的原则，企业应根据自己的实际情况，对不同培训工作有针对性地进行不同层级的评估。

企业培训工作可分为三块：一是基层操作人员的规范化和适应性岗位培训；二是管理人员学历培训；三是高级专业人才的培训。

根据上述内容，评估操作需要遵循以下规则：一是对所有培训进行第一层次评估；二是对操作工的规范化和适应性岗位培训进行第二层次评估，因为这类培训是要求学员掌握知识或某项技能的培训，因此，对培训的考核可以采取闭卷考试和现场实际操作并用的方法；三是对管理人员学历培训以及高级专业人才的培训，进行第三、第四层次的评估，因为这类培训往往耗时长，投入成本较大，培训效果对企业发展很关键，而且企业的管理层十分关注。

7. 评估分析

原始资料的收集、分析是培训评估的重要环节。一般来说，第一层的评估收集培训评估调查表，第二层的评估收集笔试试卷及现场操作考核结果，第三、四层次的评估收集员工满意度、员工流动率、顾客满意度、生产率、设备完好率、财务利润等信息。数据收集后，调动数据库中的数据，与原始数据进行对比，从而得出评估结论。

8. 评估报告

利用评估过程中获得的数据和分析结果，再结合学员的结业考核成绩，对培训项目是否有效进行书面的、有说服力的整体评价。通常情况下，评估报告包括以下几部分。

（1）评估目的概要

简要叙述进行此项评估的目的、对象、评估类型、评估性质及期待的结果。

（2）评估过程及方法

这一部分主要说明如何制订和实施评估方案，包括评估工具的使用来源，调查内容及范围，采用何种调查测试方法。这一部分重点对问卷质量进行信度、效度的评估说明，以表明此次测试结果的可靠程度。

（3）结果

这是评估报告的主要部分，要求简要说明评估调查的结果与期待目标的关系，并将有关统计数据作为客观分析的依据。依据结果进行综合分析，同时指出应用价值，并客观分析存在的问题和缺陷，提出弥补的建议和措施。

（4）结论

这是评估报告正文的最后一部分，它主要叙述全部评估的结果。

（5）附录

这是评估报告的结尾，应将本次评估所使用的资料，如"问卷调查""评分指导书及数据分析统计软件标记"等附在报告正文后面备案。

完成报告后还有一个任务，那就是要获得对研究结果所建议的改革行动的支持。可以问的问题有：谁可能从建议中获益？该提议会带来什么经济效益？该建议应该由谁负责实施？

9. 沟通培训效果

很多企业重视培训评估，但是其评估与实际工作脱节。培训效果的检验仅仅局限于培训过程中，没有在实际的工作中进行，造成了培训与实际生产服务脱节。在培训评估过程中，人们往往忽视对培训评估结果的沟通。尽管经过分析和解释后的评估数据将转给某个人，但是当应该得到这些信息的人员没有得到时就会出现问题。在沟通有关培训评估信息时，培训部门一定要做到不存偏见。

一般来说，企业中有四种人必须得到培训评估结果：培训主管，他们是非常重要的一类人群，因为他们需要这些信息改进培训项目，只有在得到反馈意见的基础上精益求精，培训项目才能得到提高；管理层，他们是另一个重要的人群，因为他们中有一些是决策人物，决定着培训项目的未来，评估的基本目的之一就是为决策提供参考依据；学员，他们应该知道自己的培训效果怎么样，并且将自己的业绩表现与其他人的业绩表现进行比较，这种意见反馈有助于他们继续努力，也有助于将来参加该培训项目学习的员工不断努力；学员的直接经理，学员的直接经理也要知道评估结果，这有助于他们掌握学员的学习情况，为以后的工作提供指导，还可以作为对下属进行绩效考核的考虑因素。

综上所述，从开始确定培训评估是否有必要到最后对项目结果进行沟通，每一个步骤都有其各自的特点，并且是培训评估流程的重要组成部分，哪一步没有有效地执行，都会影响下一个步骤的开展，从而对整个系统产生影响。因此，作为一套流程体系，应对各环节加以关注，使整个评估流程顺利推进，进而提高评估的科学性和有效性，并对改善整个培训系统产生积极影响，最终有利于组织目标的实现。

三、影响培训效果评估有效实施的因素分析

（一）培训效果评估有效实施要考虑的因素

1. 培训内容

培训的最终目的是为企业创造价值，而培训项目的评估是一项耗资、耗力、耗时的工作，因此，培训评估要根据培训项目本身的状况、项目对企业的贡献、项目受高层管理者重视的程度，确定评估的层次和评估的方法。培训评估要把精力集中在最昂贵、最受高层管理者重视的课程上。典型的培训内容分类如下所述。

①观念类培训。引导学员在价值判断、内在思维和精神面貌等方面树立正确的态度，属于情感领域的培训。

②知识类培训。让学员掌握完成本职工作所必需的基本知识，目的在于让学员明白"是什么""要做什么"，属于认知领域的培训。

③技能类培训。让员工掌握完成本职工作所必备的技能，目的在于让员工明白"怎么做"，属于操作领域的培训，它分为技术技能和管理技能两种。

可利用决策树状分析图，确定需做全面评估的课程，其中侧重学员人数（学员越多，总成本越高）和课程的战略价值等因素。特别是那些意在改变员工的工作表现，而且客户对实际效果期望很高的课程。

2. 评估资源

不同的评估资源，对评估开展有直接影响。例如，企业评估中人力和财力投入限制，企业各个层次对培训评估的支持情况，企业培训效果评估数据库完善情况等，直接影响评估层次和评估方法。

3. 培训对象的人格特质、行为特征

从职业心理学角度来看，培训效果不仅受外在因素的影响，也在相当程度上受内因即受训者自身各方面因素的影响。培训是一个互动的双向过程，而不是一个单方面授予的过程。受训者自身人格特质、行为特征，如已有的知识结构、思维方式、接受和加工信息的方式、个性特点、处世方式、沟通方式、态度、信念、动机、自信心、认知风格、自我效能、人格等个性心理特点以及人口学因素等，都会和培训效果有关。

（二）恰当的评估时机是评估成功的保障

每次评估都要注意时机的选择。如果在课程结束后太早进行跟踪调查，学员可能没有什么机会练习新的技能；如果太晚，除非学员在日常工作中经常用到，否则很快就会忘记培训内容。跟踪调查要弄清楚学员应用培训内容的频率，以及在上课和实际应用之间有多长的时间间隔。前者对学员有意义，后者能告诉培训师应当在什么时候进行培训。通常来讲，在选择培训评估时机时，应重点注意以下几种时机。

1. 事前测试

在确定何时以及如何进行事前和事后测试时要特别注意以下几个问题。首先，当事前测试影响学员的业绩表现时，就应该避免进行事前测试。如果有迹象表明，事前测试将对业绩表现产生影响时，就应该对事前测试进行调整。其次，事前测试和事后测试的内容要一致或大体相同，所设定的分数要有一个共同的基础，以便对比。最后，事前和事后测试应该在同样或类似条件下进行，测试所需要的时间和条件要大体相同。

2. 项目实施过程中的测评

在培训项目实施的过程中，可以衡量学员完成培训目标的进展情况，也可以获得有关部门的反馈信息，以便做出适当调整。项目实施过程中的测评，要重点了解学员的反应和学习情况。

3. 多重测评

有时候在培训项目实施前后要进行多重测评。在培训项目实施之前进行多重测评是为了衡量培训项目实施前的某种趋势，这些测评主要着眼于三级和四级评估的数据。在培训项目实施之后进行多重测评是为了衡量技能的使用和应用程度，了解整个培训项目内容的应用情况，以及该培训项目所产生的长期效果。

4. 培训结束后跟踪活动的时间选择

在跟踪阶段，可以收集三种数据并确定跟踪时间：第一，可以收集二级评估数据，以便确定学员对培训项目所传授的知识或技能的掌握情况。对学习反馈跟踪活动的时间选择，取决于评估是否可行，以及对学员进行测试的材料是否齐全。第二，对三级评估数据的跟踪可以确定知识和技能在实际工作中的应用情况。对于新的技能，重要的是及时应用和定期强化。因此，三级跟踪的时间选择往往是在培训结束之后不久，大约几个星期之内进行。第三，对四级评估数据的跟踪需要的时间间隔往往要比实施三级跟踪所需要的时间间隔长，因为在技能应用和反映培训效果的数据之间存在着时间滞后。

（三）培训评估实施的组织保障

1. 加强管理层的支持

企业的培训制度体现了高层领导的培训理念，决定了培训在企业中的地位，尤其是企业一把手的培训意识对全体员工而言是一种有力的影响和引导。企业在管理上侧重一些方面，而轻视或忽略另一些方面，这种倾向往往是企业领导的个人喜好与风格所致。现代企业应该实行科学管理，员工培训是企业的大事，高层领导应当高度重视和关心。目前，许多企业领导虽然逐渐认识到培训的重要性，但仍然停留在口头上，做表面文章。每年的培训计划由人力资源部具体负责培训组织工作的人员提出，领导只是过目，一般都不提什么修改意见，只是拿笔签字而已，对整个培训活动的开展过程不过问，最后结果如何也不关注，只是简单地问问经费是否超支。这样的领导把培训看作是耗费成本的事，但因为别的企业都进行培训，他也不得不让这种形式上的培训存续下去，事实上内心存在"突出经济要大上，其他工作都要让，培训只是软指标，有了效益才风光"的思想，没有真正意识到培训的经济性、战略性。

培训活动是辅助企业实现其经营战略目标的有效方法，管理层的态度和做法对于培训项目的开发、实施和评估工作的成功有非常重要的影响。如果得不到高级管理人员的大力支持和赞同，人力资源培训项目将无法实现其具有的潜能。如果得到管理层的支持和参与，将会极大提高评估的准确性，同时会提供评估所必需的各种资源，有利于评估的顺利推进。据美国研究调查，管理层的支持程度将对整个培训项目的开发和评估发挥40%的功效。而在当前的许多企业中，往往由于得不到管理层的高度重视，而使评估工作陷入困境。有关调查结果说明，多数企业领导对培训的支持程度并不高，如在回答"业务减少时，培训预算是缩减还是增加？"几乎90%的被访者选择了缩减培训预算；在"是否积极参与人力资源开发培训项目"的回答中，65%的领导选择一般，同时70%的领导并没有要求每一项人力资源开发培训项目都要通过一定的途径进行评估。在实际工作中，可以通过下列几个方法加强管理层的支持。

（1）关注成果

当人力资源开发培训项目取得了所期望的成果时，通常会获得高级管理层的承诺。对高级管理人员来说，没有什么比能产生衡量成果的人力资源开发培训项目更有说服力了。这种成果不但容易理解，而且看上去对组织机构很有价值。当人力资源部门提出一项培训项目时，管理层是否提供更多的资金，通常取决于培训项目能否产生所期望的结果。所以，平常就要收集相关数据，使结果有量化指标，增强管理层的支持力度。

（2）鼓励管理层参与

在培训项目中加强管理层的参与将对培训项目评估的有效实施大有益处。它可以增强培训项目的可信度，同时通过参与对培训项目的开发、实施和评估过程，管理层将对培训项目负责，还可以增强学员与管理人员的交流。这种参与几乎可以出现在人力资源开发过程的每一阶段，它体现了为了激发组织机构中员工的潜力而做的集体努力。例如可以建立咨询委员会，作为咨询委员会委员，高层管理者要审查需求分析的结果、授课的方法以及培训项目的成果等，这将极大调动他们对培训项目的重视程度，同时会提出许多改进建议，为培训项目评估的有效实施提供有力支持。

（3）加强与管理层的沟通

人力资源开发部门必须有能力将培训项目开发、实施和评估的重要性传递给管理者。通过同高层管理者召开经常的、非正式的会议，总结现行培训项目存在的问题、培训的需求以及在组织中工作绩效的不足之处。坦白和开放的对话，能够为管理层提供无法从其他途径获得的看法和观点，同时有利于培训经理确定以后的培训工作重点。例如人力资源培训项目召开的总结会议，就是将培训项目的成果传达给高级经理的最有效的途径，主要目标是向高级管理者介绍已取得的成果和今后的工作计划，这有助于高层管理者对培训项目做出正确的评价。

2. 调动评估主体的积极性

由于人们对评估的可行性、吸引力、政策偏好和优先次序等的看法存在差异，一些人对评估可能会产生敌意或漠不关心，这将很难确保评估的成功。因此，必须加强评估的干预职能，积极地推动评估工作的顺利开展。可以采取以下几方面的措施。

（1）鼓励相关评估主体广泛参与

学员、学员的主管、培训师、同事或相关客户在培训评估中发挥着重要的作用，因为他们通常对被评估者的工作最熟悉。因此，在整个培训项目的实施过程中，要让他们广泛参与，一方面会调动他们的积极性，使其给予有力的配合；另一方面可以使他们对评估的项目更加熟悉，使评估结果更加有说服力，而且他们很有可能提出许多改进工作的宝贵意见。

（2）从人们最能接受且能产生较大收益的评估入手

如果从收益大、效果明显的评估入手，很容易引起人们的重视和好感，尤其是让那些关心培训效果的人自己进行培训评估，这样的效果会更好。因为"企业中的人总是愿意去做能给他们带来奖励的事"，如企业的中层经理总是将自己的精力投入到能给他们带来最大报酬的活动上。当最高管理层因下属完成常规任务、解决突发事件、做一些短期见效的工作而奖励他们时，评估就会不受重视；而如果考核中层经理的指标是产品质量和数量时，培训战略和评估思想更容易被接受。中层经理很可能会主动进行培训需求分析、动员员工参加培训并提高组织绩效等。

（3）加强对评估结果的沟通与反馈

加强对培训评估结果的沟通与反馈，是一个非常重要的工作，前文虽已提及，在此再做强调。如果培训评估结果不理想，通过沟通与反馈，可以找出存在的问题，这对于改进工作方法，对以后培训工作的顺利进行将提供宝贵的经验。如果评估后产生了很好的结果，通过沟通与反馈可以总结成功的原因，更重要的是通过这种沟通与反馈，可以使评估主体产生浓厚的兴趣，提升对培训的重视程度，从而为以后培训项目的开发、实施和评估提供有利的条件。因此，对培训结果的沟通与反馈就显得尤为重要。可以通过以下几个步骤进行有效的沟通。

①对项目结果进行必要的分析。这是最重要的步骤之一。分析的内容包括找出管理层对人力资源开发工作缺少支持或一项新培训项目的重要性的原因。无论结果如何，重要的是列出对培训项目成果进行沟通的具体原因。

②挑选沟通成果的目标受众。受众范围从高级管理层到过去的学员，由于每个人都对成果沟通有特定的需要，所以制定一个沟通的策略就应该考虑所有不同的团体。调查表明，一次经过周密准备、有针对性的成果沟通，是赢得某一团体支持所必需的。

③运用书面材料介绍培训项目的成果。书面材料可以有多种形式，从成果的简要总结到关于评估工作详细的调查报告，各不相同。

④分析沟通成果的反馈意见。肯定的反馈意见、否定的反馈意见，都表示了这些信息是如何被接受和理解的。对于广泛的成果沟通工作，一个正规和系统的反馈是必不可少的。反馈意见能促进今后对同一培训结果的沟通方式进行调整，或者为调整今后的成果沟通方式提供建议。

总之，高层管理者的重视程度和评估主体的广泛参与将对评估的有效运行产生积极的影响，而这在实际工作中又经常被忽视。如果没有管理层的大力支持和赞同，评估工作不可能顺利推进。同样，如果学员、学员的主管、培训师、同事或相关客户对评估工作反应淡漠，不进行积极的配合，将很难确保评估的成功。因此，要引进评估的干预职能，积极推动评估的工作开展。通过注重成果、鼓励管理层的参与和加强沟通等措施，可以最大限度地提高管理者对评估的重视程度。同时，通过鼓励相关评估主体的广泛参与和对评估结果的沟通与反馈，调动他们对评估工作的积极性。所有这些将是使培训评估健康有序进行的必要外部支持。

四、企业培训效果评估的发展趋势

（一）评估方法的综合化趋向

现代培训效果评估的评价手段由定量转为定量、定性相结合，从推崇各种客观的、标准化的测量，发展到提倡观察、交谈等定性分析，再进一步发展到广泛收集信息、进行解析论证、做出价值判断的一种定量与定性相结合的方法。

（二）评估内容的全面化趋向

现代培训效果评估已经发展到对培训活动的各个方面做全方位的评价，评价的内容更为宽广和全面。现代企业培训评估不仅注重培训后，还包括事前事后评估、纵向对比评估、横向比较评估、达标评估等；在培训效果衡量指标上，不仅有有形的绩效指标，还包括无形的员工满意度指标、团队效率等。

（三）评估主体的多元化趋向

评估主体逐渐趋于多元化，包括企业培训教师、学员、学员的上司、学员的下属、学员所在部门同事、企业高层管理人员、学员接触的客户、专业培训评估机构等。

（四）评估手段的科学化趋向

现代企业培训效果评估大量运用了统计学、数学、经济学、心理学、计算软件等知识和技术。培训评估非常复杂，评估中需要收集的信息很多，评估过程需要培训主管部门、学员单位、培训实施部门的协调配合。因此，必须加强评估中的系统合作，强化评估过程的监督和控制，同时培训结果要在学员、单位领导、培训主管部门、培训实施单位之间进行反馈和交流，保证评估结果的公正客观，注重对培训工作的改善和主管领导对培训评估工作的重视。

第八章　企业员工培训成果转化

第一节　培训成果转化概述

一、培训成果转化的含义和原则

（一）培训成果转化的含义

培训成果转化，是指受训者持续而有效地将其在培训中的所学运用到工作中，从而使培训项目发挥其最大价值的过程。即受训者将其在培训中所学到的知识、技能或能力以及行为方式，运用到实际工作中去的努力过程。

培训成果的转化工作是人力资源培训活动的环节之一，与为企业经营目标提供合格的人力资源产品紧密相关，其目的就是改善员工的工作业绩，并最终提高企业的整体绩效。因此，员工在培训中所学到的内容必须运用到实际的工作中，这样培训才具有现实意义，否则培训的投资对企业来说就是一种浪费。培训的目标是学以致用，受训员工不仅要学习、掌握培训项目所要求的各项知识、技能，还必须持续有效地将所学知识、技能运用到工作中，将"所学"转化为"所用"，转化为企业效益，否则培训的作用就大打折扣或者根本没有。这也就意味着企业花费一定的人力、物力、财力等资源组织实施的培训项目是无效的，这样的培训只不过是走个过场，与开展培训工作的初衷背道而驰。从培训工作的实际情况看，企业通常只注重培训计划、培训实施、培训考核等前期管理，却忽视了受训人员回企业后培训成果转化的后期管理，管"学"管"考"不管"用"，造成了很大的培训性浪费，使培训失去了应有的价值。卓有成效的企业培训，首先要真正取得培训成果，即受训员工通过培训必须在很多方面有收获、有提高；但仅仅如此是不够的，接下来就是要将培训成果转化成员工的工作成效，这才是企业培训的主要目的。

将培训效果转化为实际生产力的关键在哪里？重点是激活受训学员学以致用、学以致变的动机，这些动机一部分来自学员本身，如学员对价值实现感、认同感、荣誉感的追求；另一部分来自外部，如领导的重视、整体氛围的带动，甚至还可能包括考核、奖惩等外在刚性制度的约束。

（二）培训成果转化的原则

培训成果转化有以下两大原则。

1. 领导重视原则

培训工作并不是培训部门的事情，任何培训工作离开了高层领导和直线经理的支持都很难取得积极的效果。培训成果的转化尤其需要高层及直线经理的支持。高层的支持更多地体现在培训政策和制度上的支持，而直线经理的支持则需要落到实处。直线经理的支持体现在，培训结束后与下属沟通培训中的内容；鼓励下属将所学内容运用于实践；对于培训内容的运用情况予以指导、评价、反馈；当下属在运用所学内容出现失误时，不会受到严厉的惩罚；当下属运用所学内容产生积极效果时，给予表扬以及适当的激励；等等。

2. 人本激活原则

如何调动人的积极性，大致分为两个方面：一是以人本激励为主，让人自动自发地向着指定的目的地进发；二是以考核、奖惩等约束手段为主，让人不得不朝着目的地迈进。培训成果转化阶段，要坚持成果转化人本激活的原则。

培训绩效是个积累的过程，在企业层面，企业整体的管理水平、组织能力的提升需要一个较漫长的过程。由于管理基础、资金、精力、市场竞争需求等因素的制约，通常在一段时间内只能做好一两项管理提升工作。联想集团创始人柳传志曾经有一个形象的比喻：企业发展就如同夯土一样，撒一层土夯实了，再撒一层土再夯实。企业提升管理水平最要不得的就是系统规划、全面开花，到最后什么都没有做好。提升企业管理水平应该是系统规划、分步实施，用一年甚至几年将一项管理工作提升落实，真正成为企业的能力积累，如同联想的管理三要素、通用电气的六西格玛等。

组织能力提升的基础是员工能力的提升，而员工个人能力提升又受认知能力、精力、压力、兴趣的制约，员工很难在一段时间内快速掌握多项技能。研究表明，一个人要熟练掌握一项新的技能通常需要 21 天，而要将这一项技能运用熟练、成为习惯则需要 90 天。因此，员工的技能训练与提升通常需要一个完整的过程。因此，每个人在一段时间内集中精力学习一项技能，通常可以掌握得比较好，再经过不断实践，就能够在实际工作中应用得比较到位，使一项工作真正保质保量地完成，从而提升个人绩效。还要注重培训过程督导控制，因为培训最基本的要求是要让员工真正掌握完成工作所需要的技能，而员工真正掌握岗位技能需要一个认识→了解→掌握→熟练→创新的过程。由此可见，如果培训没有使受训人员普遍达到掌握这个阶段的时候，表明该员工还没有掌握岗位所需的基本技能，不具备胜任该职位的工作能力，这次培训也就成了过眼云烟。同时，即使员工掌握了这些技能，还不能保证其在工作中能够很好地应用，还需要在实践中进行辅导，直至熟练掌握为止，这时候该员工才算真正掌握了岗位技能，才能在实际工作中应用该项技能解决问题，创造企业期望的效益。

二、培训成果转化理论

（一）同因素理论

　　同因素理论是桑代克和伍德沃斯提出来的。该理论认为，培训成果的转化取决于任务、材料、设备和其他学习环境特点与工作环境的相似性，培训成果转化只有在受训者所执行的工作与培训期间所学内容完全相同时才会发生。学习环境与工作环境的相似性有两个衡量尺度：物理环境逼真与心理逼真。物理环境逼真是指培训中的各项条件与实际工作的一致程度，心理逼真是指受训者对培训中的各项任务与实际工作中的各项任务予以同等重视的程度。同因素理论特别适用于模拟培训。

　　同因素理论带给人们的启示如下所述。

　　①培训内容和培训方案尽量接近工作实际。

　　②在培训中应明确具体的操作流程。

　　③培训内容强调在实际工作中运用的时机以及应用的方法。

　　④应该说明培训中所执行的操作与实际工作是否存在差异，应该注意些什么。

⑤在培训中鼓励学习的内容超出所应用的范围。

⑥将培训内容限定在学习者的能力范围内。

（二）激励推广理论

该理论认为，促进培训成果转化的方法是在培训项目设计时要重点强调那些最重要的特征和一般原则，同时明确这些一般原则的适用范围。激励推广理论强调"远程转换"，也就是当工作环境与培训环境有所差异时，受训者具备在工作环境中应用学习成果的能力。激励推广理论指出，只要可以针对工作时的一般原则进行培训，培训环境的设计就可以和工作环境不相似。

激励推广理论带给人们的启示如下所述。

①努力让受训者理解他们所接受的培训技能和行为的基本概念、一般性的原则以及假设条件。

②鼓励学员将培训中所强调的要点与其实际工作经验结合起来，学员之间共享在不同环境和情景中这些原则得以应用的成功经验。

③鼓励学员设想在不同环境中如何使用新技能。

④强调这些一般性原则的推广价值。

（三）认知转换理论

该理论认为，培训成果能否转化取决于学习者恢复所学技能的能力。因此，可以通过向学习者提供有意义的材料增加学习者将工作中遇到的情况与所学能力相结合的机会，从而提高培训成果转化的可能性。莱克认为，培训成果转化可以分为近距离转化和远距离转化两种。

近距离转化是指可以直接将所学内容应用于与培训环境相类似的实际工作中，基本不需要太大的修订和调整；远距离转化是指将所学技能运用于不同于最初的培训环境的工作中，需要用新的创造性的方法应用所学内容。

认知转换理论带给人们的启示如下所述。

①向学习者提供对所学技能进行编码记忆的技能。

②多进行应用练习。

三、全方位培训成果的转化

（一）培训前的转化准备工作

培训成果转化工作事实上在培训开始之前就需要开始了，主要从以下几方面进行。

1. 设立目标

依据目标设置理论，在参加培训之前培训者要为受训者设立目标，或者让受训者自己设立目标。如果目标具体、富有挑战性，这样会使受训者具有增进工作技能、改进工作绩效的强烈愿望与动机，能够提高受训者对培训的兴趣、理解能力及努力程度，那么教学效果就会得到保证，学习效果就会比较理想。

这些目标包括数量、质量、时间和成本等。

2. 设置相同或类似情境，让受训者带着问题学习

20世纪80年代以后，伴随着认知革命的兴起，机器开始承担了许多原本由人类承担的任务，其结果是要求任职者提高认知能力和思维能力，并在面临时间压力或其他情况时，能够快速、准确地诊断和决策。认知心理学对此提供了有价值的分析框架，能够帮助企业有效地界定培训情境，帮助受训者掌握做好工作所需的认知模式以及技能，分析受训者如何组织、整合岗位所需的信息以及如何储存这些信息。这就要求，一方面，在进行培训项目设计和规划时，尽量设置与工作情境相同的条件，并确定相应的培训策略；另一方面，受训者在培训前要将与本次培训有关的企业问题，特别是自己在工作中遇到的难题列一个清单，带到培训课堂上去，这样受训者就能够将培训内容与自己的工作相联系，而且有动力参加培训。

3. 转变角色

转换角色要求受训者学完回到企业后教授其他未参加培训的员工。这样，受训者以学员和未来培训师的双重角色参加培训，可以使受训者更加重视培训。

4. 管理者的激励工作

期望理论认为，个体的行为动力和人的预期密切相关。在企业中，如果员工对付出努力到取得成绩、对取得成绩到获得奖励、对奖励的效价三个方面的预期是积极的，那么他们就会得到激励；他们若是对上述三个环节中的任何一个方面

的预期是消极的，则其学习的积极性就会受到影响。在培训前，主管需要向受训者重点说明培训以后能够得到的好处，如明确培训的目的是提高绩效，并强调参加培训会为员工带来工作及个人职业发展等方面的益处，帮助受训者建立努力与成绩、成绩与奖励之间的依存关系，这样受训者的学习动机就会变得强烈。麦克利兰的成就理论也对此提供支持，即如果能够使受训者感知到激发自己的成就和将来的职业发展存在密不可分的关系，那么他们参加培训并努力将所学付诸实践的热情就会高涨。

（二）培训中的转化准备工作

培训过程中的许多工作可以为培训结果转化做好准备，具体内容如下所述。

1. 培训方法的选择

教育心理学认为，保留学习内容的关键是将教学过程中的具体事件和学习过程、学习成果进行有机地结合，赋予学习过程中的每项活动以意义。培训活动意在取得以下几种培训成果：智力型技能，如程序性知识、语言知识；认知能力，即受训者在何时以及如何运用上述两类知识的能力；操作技能，如写作、使用工具等；态度转变。为了保证受训者掌握、保存这些学习结果，在培训中选择培训方法时，应选择那些有助于培训成果转化的方法，包括角色扮演、管理训练、案例分析、情景模拟、行为模仿等。

2. 重复实践

认知心理学认为，如果受训者能够清楚地了解工作环境中常见的刺激因素以及由此产生的反应，那么通过强化训练、不断重复这样的刺激—反应模式，相应的绩效就会得到提高。因此，培训中要讲"三习"，"三习"即上课之前先预习、上课中要练习和上课之后要实习。要使所学知识与技能易于理解、消化和掌握，实习是不可或缺的手段。只有重复实践才能使所学知识与技能转化为员工的自然反应，成为其整体技能和行为模式的一部分，才能真正达到学习的目的。

3. 培训过程中的沟通

受训者就与本次培训有关的企业问题，特别是自己在工作中遇到的难题在课堂上或课堂下与培训师或其他学员沟通，进行广泛讨论，从不同视角加以探讨。

4.培训师的传授

培训师在培训过程中要让学员掌握如何将培训所学知识和技能应用于实际工作中的原理和方法，并编写行为手册，将培训中的重点知识、技术，尤其是那些在工作中需要提示的要点，编写成业务手册分发给受训者，以便他们随时翻阅和查找。

5.强化记忆系统

在培训时要开发一些认知技术来强化记忆系统，比如将待记材料组织成比喻系统，使其适用于长期记忆。在培训时，根据受训者以前的知识、经验，选择、使用这些记忆方法，包括语言的、数量的、图表的等记忆组织方式，这样对培训成果的转化和保持有很大的作用。

6.提高受训者自我管理的能力

提高受训者的自我效能感。自我效能概念在班杜拉看来，是指知觉到的应付具体情境的能力，它涉及员工对自己在具体任务或情境中的行为能力的判断，而自我效能判断影响着员工从事什么样的活动，在一种情境中花多少努力，在一项任务上坚持多久，以及在预期一种情境时的情绪反应。研究证实，高自我效能信念者在特定的任务中经受的压力较小，而高自我效能感对维持行为的持久性有明显的作用。因此，在培训过程中，培训师应鼓励受训者运用自我调控系统使他们掌握知识，并培养工作所需要的分析问题和解决问题的能力。在培训中提高受训者内在的胜任感、自我效能感和终身学习的动力对培训成果的转化是至关重要的。

（三）培训后的全面转化工作

培训课程结束是转化的开始，也是培训项目成功与否的关键环节，其重要性甚至超过课程本身。因此，必须全方位地进行转化工作。

1.相关人员的支持与氛围的营造

培训成果能否转化与工作环境密切相关，因此，取得相关人员的支持、营造一个良好的转化氛围是至关重要的。主要包括以下几个方面。

（1）高层管理人员和部门管理人员的支持

在中国这种崇尚权威的传统文化环境中，企业领导者出面观看员工所取得的培训成果汇报，其影响力是巨大的，能够产生非常大的冲击和效果。因此，组织学习成果汇报会的时候，一定要敦请高层管理者参加。高管人员还应鼓励技术管理的创新，营造良好的沟通氛围，实行民主管理等，这些都会影响培训成果的转化。另外，所有部门管理人员都应对受训员工给予关注，他们在与其他部门发生联系时予以关心、帮助、宽容和谅解。

（2）直接主管的支持

直接主管积极鼓励受训者运用在培训中所学到的新技能以及行为方式，为其提供所需的各种设备和资源；为他们确定目标，制订行动计划；当受训者运用培训内容失败时，不对他们进行责备和打击，反而对受训者因为运用在培训中所学到的新技能和行为方式加以赞赏，特别是受训者如果能够成功地将培训内容加以应用时予以加薪奖励；有条件的话，可以为其配备一名有经验的导师。

（3）同事的支持

同事对受训者运用在培训中所学到的新技能和行为方式予以支持，对失败的结果予以宽容和谅解，而不是嘲笑、讽刺或挖苦。

（4）下属的支持

下属对参加培训的上级管理者将在培训中所学习到的新的管理理念、领导风格、领导方法和行为方式运用到工作中时要积极配合、予以支持。

（5）人力资源部的督导与支持

提供培训前、培训中和培训后的沟通；与企业其他管理人员分享学员反馈信息，并通过编印即时通信的方式向大家通告受训者的成功转化经验；进行受训者工作岗位的重新设计；在奖惩机制、晋升机制上支持受训者培训成果的转化。

（6）培训师的督导与支持

培训师应在培训后三天内对受训者进行考试，一两个月后进行技能考试，对培训结果进行跟踪调查，并解决存在的问题。

（7）受训同伴的支持

在受训者之间建立经常性的联系，使其彼此沟通，分享成功的经验，彼此支持与鼓励。

（8）成果转化小组的支持

企业可以成立成果转化小组，对受训者提供支持。

2. 工作的重新设计

培训成果转化的同因素理论认为，受训者所从事的工作应与培训期间所学内容相同才会成功地进行成果转化。因此，要对刚刚接受完培训的受训者的工作进行重新设计，以使他们能够把在培训中所学习到的技能运用到工作中去。

3. 应用的机会

受训者应用新知识、新技能和新的行为方式的机会取决于三个方面。

一是工作中本来就存在的任务或需要解决的一些问题。

二是直接主管安排的机会。

三是受训者主动寻找的机会。

应用的机会包括在工作中完成受过培训的各类任务的数量、次数或频率、难度或关键程度，对应用的机会的评价可以找出是什么原因造成了受训者进行培训成果转化的困难。

4. 奖惩机制的配合

要使受训者主动积极地进行培训成果转化，还应从动机问题上加以考虑，如薪资、晋升等方面的因素能够影响受训者的动机。受训者所拥有的知识、技能的提高与薪资直接挂钩，而薪资能够调动受训者进行培训成果转化的积极性，使其积极创造条件，主动寻求各类相关人员的配合，从而促进成果转化。

5. 晋升机制的配合

培训成果的转化与受训者的职业生涯规划相结合，能够调动员工的主动性和积极性，特别是针对晋升进行的培训开发活动。员工的技能提升使其能够适应高一级的工作岗位，受训者因而具有进行成果转化的内在动力。

6. 雇佣能力的提升

现代企业一般不向员工做永久性雇佣的承诺，但培训使得员工的技能提升以便提高员工的可雇性。因此，受训者积极进行培训成果的转化，使其对自己的职业拥有更强的控制能力，这是员工所愿意做的。

7. 受训者的自主管理

受训者需做好在工作中运用新技能、采取新行为方式的自主管理，它包括三个方面：一是受训者确定在工作中运用新技能、采取新行为方式的目标，明确在什么条件下可能无法实现该目标，分析在工作中运用新技能、采取新行为方式的积极和消极两种后果；二是受训者必须事先知道在工作中运用新技能、采取新行为方式遇到困难的必然性及放弃应用的后果；三是受训者在工作中运用新技能、采取新行为方式无法得到直接主管和同事支持时，应建立自我奖励系统，并主动要求直接主管和同事提供反馈。

从以上三个大的方面进行全方位的培训成果转化工作，转化成功率会大大提高，必然使企业愿意进行人力资本的投资，并能获得丰厚的回报。

第二节　企业员工培训成果转化的影响因素

一、培训成果转化模型

培训成果转化是指将培训中所学到的知识、技能和行为等内容应用到实际工作中的整个过程。培训的目标就是学以致用，受训员工不仅要掌握培训项目所要求的各项知识、技能，还必须持续有效地将所学知识、技能运用到工作中去。

1988 年，鲍德温和福特在他们发表的论文中定义了培训转化的框架。他们的转化过程模型包含了培训投入、培训产出和转化条件。其中，培训投入包括：受训者特点（能力、个性、动机）、培训项目的设计（培训内容、排序、教学方法）和工作环境（支持、应用的机会）；培训产出包括：学习和保持；转化条件主要是培训的推广和维持。培训投入从表面上看会影响学习和保持，并直接影响培训的推广和维持。学习成果的维持是指从培训结束后到将培训内容应用于工作的这段时间里，受训者对相关知识和技能的牢记程度，即长时间持续应用新获得技能的能力。推广是指受训者在遇到与学习环境类似但又不完全一致的问题和情景时，将所学技能如语言知识、动作技能等进行调整并应用于工作的能力。

二、影响培训成果转化的因素分析

（一）基于受训者层面的分析

受训者作为培训中的一大主要因素，其在培训活动以及培训成果转化过程中起到重要的作用。培训是提高受训者自身综合素质的重要途径，受训者认识到培训的重要性对培训成果的转化十分必要。然而很多情况下受训者对培训的认识并不准确，片面地认为培训仅仅是企业提供的一种福利，因而对培训缺乏积极性与主动性。有的员工认为企业的培训流于形式，对个人能力的提升和职业生涯的发展帮助不大，从而对企业提供的培训不感兴趣；有些员工只是希望通过培训获得一纸文凭或证书，将来能获得职务的晋升或提高薪酬待遇，并未思考培训中所学的知识和技能如何在实际工作和生活中应用；还有一些员工由于文化素质与技能水平不高，在培训成果转化过程中只能生搬硬套，不能随机应变，也在一定程度上影响了培训成果的转化效果。

1. 培训动机

培训动机主要是指企业对受训者学习培训项目内容的一种特定的期望，包括受训者的学习热情和当项目材料有难度时受训者的坚持程度。此外，培训动机是受训者的一种知觉，这种知觉认为如果能够在培训项目中表现出色的话，将会使个人的工作绩效提高，从而获得更有价值的回报。

2. 自我效能

自我效能是指个体对自己的行为能力及行为能否产生预期结果所抱的信念。在培训中是指受训者学习和进步的动机高，并且认为他们能够实际地学习培训的内容或认为他们有能力完成特定的培训任务。在推测自我效能机理时，有人指出，实际上受训者有可能学会要求的能力和技能，却由于自我效能而使受训者在迁移时遇到了阻碍。

3. 自然遗忘

心理学研究表明，人的记忆保持在时间上是不同的，并呈现出一定规律。著名的艾宾浩斯遗忘曲线表明，遗忘遵循先快后慢的原则，这就意味着人的记忆能力也是影响培训成果转化的因素之一。

4. 自我管理

自我管理是指个人控制自己的某些决策和行为的尝试。受训者能积极主动地应用所学知识、技能解决实际工作中的问题，而且能以自我激励的方式去思考培训内容在实际工作中的应用。研究表明，应用自我管理战略的受训者的转换行为和技能水平要比没有应用自我管理策略的受训者高。

自我管理模式的内容如下所述。

第一，讨论偏差过失。

①注意培训成果转化不佳的证据。

②提出改进方向。

第二，明确需要转化的目标技能。

第三，确认导致过失的个人或环境因素。

①自我效能水平低。

②时间压力。

③缺乏管理者或同事支持。

第四，讨论应对技能和策略。

①时间管理。

②设定先决条件。

③自我监督。

④自我嘉奖。

⑤建立个人支持网络。

第五，明确何时可能发生过失现象。

①情形。

②对付过失的行动方案。

第六，与确保培训转化的相关人员进行讨论。

①管理者。

②培训者。

③其他受训者。

（二）基于培训项目因素的分析

培训项目设计对培训成果转化的影响很大，学习原理、排序、培训内容、应用转化理念都会对培训成果转化产生影响，下面仅从培训项目本身探讨其对培训成果的影响。

1. 培训需求分析

作为培训的首要环节，准确的培训需求分析为培训过程的其他工作确立了明确的目标和准则。然而，目前很多企业在培训前并没有进行详细的培训需求分析，没有将企业的发展目标与员工的职业生涯规划结合起来设计培训活动，也没有根据企业的实际情况制订培训计划，而是凭经验或者机械地模仿他人，或者按照前一年的计划来制订，或者需求完全由员工提出，还有一些企业对培训需求的界定甚至只是老板的一句话。企业的培训工作具有较大的盲目性和随意性，因而导致培训内容缺乏针对性，培训手段单一等问题屡见不鲜，以致培训工作无实效，吃力不讨好。

2. 培训体系不健全

企业建立培训体系的最终目的是持久有效地将培训进行到底，让培训发挥最大的效果，让培训成为企业的家常便饭，灌输到每一个员工的思想中并成为一种提升自己和企业竞争力的必备工具。在培训过程管理方面，很多企业都缺乏规范的培训需求分析过程和行之有效的培训考核方法，甚至有的企业以培训课程体系替代培训体系的全部内容。一方面，缺乏规范的培训管理制度。企业作为一个以效益为目的、以发展为导向的产品生产系统，在价值的追求上，往往只在乎物质价值的追求，而忽略了真正意义的素质培养。在企业员工进行培训期间，由于规定的制度不严谨，奖惩制度实施力度不够，致使出现员工上课不积极、找人代课以及课堂秩序散漫等现象，这些都将直接致使培训效果不佳，造成企业资源的无意义浪费。另一方面，在培训教育中，企业盲目地崇拜高层次讲师，将主要目光放在了讲师的选择上，顾小失大，殊不知讲师的个人水平无法起到决定性作用，应该注重培训体系的进一步完善。

3. 培训统一供给，没有考虑员工的个体差异需求

不同的员工具有不同的培训需求。对于高层管理人员而言，理念技能是最重要的；对于中层管理人员而言，人文技能是最重要的；对于基层管理人员而言，专业技能是最重要的。对于需求各异的受训者，培训方式也应多样化，具有针对性。然而，很多企业在培训过程中并没有考虑受训人员的个体差异性，而是统一供给，这无疑对培训成果的转化造成了一定的影响。

（三）基于工作环境层面的分析

培训的环境因素对于企业培训成果转化的作用不容忽视。企业环境包括企业外部环境和企业内部环境，下面主要研究企业内部环境对培训成果转化的影响。具体而言，对培训成果转化影响较大的内部环境包括以下几个方面。

1. 管理者支持

管理者支持是指受训者的管理者对培训项目的重视程度，以及对培训内容在工作中的应用的重视程度。管理者能为培训活动提供不同程度的支持。上级的支持程度越高，越能促进培训成果发生转化。管理者所能提供的最基本的支持是允许员工参加培训，支持的最高水平是做培训的指导者。为了确保工作环境能够强化员工进行成果转化，管理者需要做好以下工作：为受训者在参与培训项目之前运用新技术或采取某些行为提供必要的材料、时间、与工作有关的信息以及其他方面的工作帮助；当受训者在工作中运用培训内容时，及时表扬；鼓励工作团队中的每一位成员在培训内容对工作有帮助的情况下，通过提供反馈和分享培训经验共同使用新技术；为受训者在工作中应用新技能或采取新行为提供时间和机会。

2. 同事支持

同事支持主要是通过在受训者之间建立支持网来增强培训成果在工作中的应用。支持网是指由两个或两个以上的受训者组成的、愿意面对面讨论所学技能在工作中应用的小组，包括面对面的沟通交流或通过电子邮件进行沟通，使受训者可以共享在工作中应用培训内容的成功经验。

3. 应用所学技能的机会

应用所学技能的机会（执行机会）是指向受训者提供或由他们主动寻求机会来应用培训中新学到的知识、技能和行为方式的情况。执行机会受工作环境和受训者学习动机的双重影响。受训者应用所学技能的一条途径是，在实际工作安排中需要使用新技能，所以受训者的上司通常在工作分配的决策中扮演着重要角色。

4. 技术支持

电子执行支持系统是一种计算机应用系统，它能够按要求提供技能培训、信息资料和专家建议。电子执行支持系统可促进培训转化，它向受训者提供了一种电子信息资源作为受训者在工作中应用所学技能的仿真基础。

5. 转化氛围

转化氛围是阻碍或促进受训者将在培训中的所学运用到实际工作中的工作情

景因素，包括情景线索和结果两个要素。情境线索用于提醒受训者并为其提供机会，如在工作中应用培训所学的线索，包括目标线索等；结果是指能影响受训者将来应用培训所学的行为或措施，即受训者在实际工作中应用所学后得到的各种反馈，包括积极反馈、消极反馈等。转化氛围对培训成果转化的影响除了直接作用以外，还可以通过影响个体变量，如受训者的自我效能、培训动机等产生间接作用。

（四）基于组织层面的分析

传统的培训成果转化研究中所涉及的组织特征沿袭了鲍德温和福特的研究模式，大多只包含与培训直接相关的因素，而一些与培训没有直接关系的重要组织特征则很少被考虑，如组织文化、管理制度、竞争、革新等，这些因素却能在很大程度上影响培训成果转化的效果。例如，具有持续学习文化的组织鼓励和支持组织中的每一个人积极地投身到扩展他们技能和提高组织效率的行为中去，参加培训与运用培训所学易于被组织成员接受。在这样的组织中，持续学习是每个员工的基本职责，工作中的合作存在于员工、上下级、团队之间，这种合作得到鼓励，并形成组织社会性支持系统，为培训成果转化创造了良好的环境。组织成员只有尽可能地把培训所学应用到工作中，才有更多的机会在竞争中谋求发展。

1. 学习型组织

学习型组织是指有很强的学习能力、适应能力和变革能力的企业。为了让受训者获得执行机会及管理者和同事的支持，为了激发受训者的学习动机，并使工作环境有利于培训，许多组织正努力转变为学习型组织。学习型组织的培训活动要经过详细的审查，并且要和企业目标保持一致。

2. 知识管理

知识管理是指通过设计和运用工具、流程、系统、结构和文化改进知识的构造，以便共享和使用，从而提高企业绩效的过程。知识管理能够帮助企业将产品更快地投入市场，建立更好的客户服务体系，并且通过提供学习和发展的机会来吸引新员工，保留现有员工。

第三节 企业员工培训成果转化的路径

一、提高受训者的积极性

若要增强培训成果转化的效果,首先要解决员工培训成果转化的积极性问题。一方面,根据现代培训理论可知,员工职业生涯规划是培训活动开展的重要依据。为员工设定了明确的、符合企业发展战略要求的、切合员工个人实际情况的职业生涯发展规划之后,就可以有针对性地为其设计培训课程,并且在设计培训课程的过程中增加员工自主选择的空间。在员工参加培训之前,直线经理需要与其就培训目的、培训后绩效目标设计等方面的问题进行沟通,使员工对培训目的的了解更加全面。另一方面,培训制度要与激励制度有效结合,员工学到新知识与新技能并有效地运用到工作中之后,组织就要及时地对员工的行为表示认可,这种认可可以是物质的也可以是非物质的。

改善员工培训成果转化的方法是,加强对直线经理的培训和指导,使其具备强烈人力资源开发的意识,承担起人力资源开发与管理第一责任人的重任,要有"带队伍"的意识和能力。这对于直线经理的素质要求较高,但这是提高人力资源管理水平的必经之路。具体落实到培训管理过程中,直线经理需要担负的责任是:与员工进行职业生涯发展方面的沟通;共同设定职业发展目标,进而进行培训需求分析;参与设计培训项目,与员工沟通培训,设定绩效目标;在员工参加培训后就培训内容进行沟通;在员工应用新知识和新技术时给予必要的帮助,对员工的积极行为改变及时地予以认可和赞赏;等等。

受训者作为培训成果转化的行使者,其自我管理能力对成果转化具有直接影响。受训者要把培训中所学到的知识、技能和行为模式运用到实际工作中,必须具有一定的自我管理能力。一方面要培养应用能力,学以致用、学以致变,把学习内容运用到实际工作中;另一方面要有不畏艰难、坚持到底的决心和信心,在新知识、新技能运用的过程中,遇到挫折不灰心,及时总结经验教训,坚持到底。

二、把握好三个环节,切实取得培训成效

(一)参训对象要选准

各类培训项目的参训对象都是有一定的指向性的,特定的培训项目是为特定

的员工"量身定做"的。选派符合条件的员工参加培训既是保证培训效果的前提，更是保证培训成果转化的前提。如果派一个工作岗位与培训项目没有关联或关联性不强的人参加培训，且不说参训者的积极性如何，能否学到或掌握培训内容，即便能学到一定的知识，回到岗位上不能得到应用，也无法实现培训成果的转化。在选派参训人员上，有的单位要么以工作忙为由拒绝派人，要么不是从实际工作、岗位需要出发，而是从工作能否离得开考虑，选派一些与培训项目无关紧要的人员参加培训，以致出现所谓的"培训专业户""学习常委"现象，表面上完成了培训任务，实际上浪费了培训资源。因此，各级管理者应着眼于企业的长远发展，把培养人才作为义不容辞的职责，妥善处理工学矛盾，为员工培训营造良好环境，真正使最需要培训的员工及时得到培训，实现企业发展与员工个人发展的和谐统一。

（二）培训内容要实用

一个有效的培训管理体系包括培训需求分析、培训实施、培训效果评估、培训成果的转化四个部分。在进行培训需求分析时，需从企业发展、岗位工作任务和任职人员状况三个方面进行分析，这样才能使所有的培训内容的设计都建立在对企业发展战略和竞争形势分析的基础上，缩短岗位任职要求与任职人员知识技能之间的差距，针对不同的员工提供不同的培训，搭建不同的课程体系，使培训更具有针对性和实用性。只有按照培训体系抓好培训全过程，才能将培训成果有效地转化为团队能力，为企业创造可持续增长的绩效。

培训迁移理论中的同因素理论认为，培训转化只有在受训者所执行的工作与培训期间所学内容完全相同时才会发生。也就是说，培训内容要实用，要有针对性，要与工作岗位紧密结合，学了就能用得上。所以，设置科学、合理、实用的课程内容，是增强培训效果的关键所在。培训内容是否有针对性，取决于培训需求的调查与分析，这就要求培训管理部门在设计培训项目时，一定要做好培训需求调查分析，从组织、职务、员工个人三个层面进行培训需求分析，找准员工应具备的知识能力与现状之间的差距，对症下药，确定具有针对性的培训内容。

（三）培训方法要灵活

"培训就是讲课"，这是培训认识的一个误区。人们经常看到，明明是一个设备操作问题，却要在课堂上讲授，讲者滔滔不绝，听者昏昏欲睡，把对着实物或者模拟装置讲解就一清二楚的问题在课堂上讲授，其效果只能是事倍功半。激励推广理论强调学习者对学习内容的概括加工，而不仅仅看重回忆问题。成人的特点表现在他们都有一定的工作经验，理解能力胜于记忆能力，只有遵循成人的心理规律进行培训才能取得良好效果。培训方法大体有讲授法、演示法、研讨法、视听法、角色扮演法、模拟与游戏法等，通常讲授法的运用占80%，讲授法与其他方法结合起来效果会更好。培训的枯燥乏味往往是由僵硬死板、单调机械的培训方法造成的，而不是培训本身固有的特点。最有效的方法就是根据员工个人的需要确定培训方法，培训方法是内容的"载体"。要使培训取得实际效果，切实提高受训者的技术素质和技能水平，就必须根据具体的培训对象、内容、时间和要求，选择适宜的培训方法，有针对性地开展培训工作。培训迁移的认知转换理论认为，培训效果转换与否取决于受训者恢复所学技能的能力，在培训教学中应向受训者提供有意义的材料，增加受训者将工作中遇到的情况与所学技能相结合的机会，鼓励受训者回忆问题，多思考培训内容在实际工作中的可能性应用，激发受训者参与培训的积极性。

三、创造良好环境条件，加速培训成果转化

（一）营造培训成果的转化氛围

员工参加培训取得一定成效仅仅是整个培训管理系统的"所学"阶段，回到工作岗位后怎样进入"所用"阶段，实现培训成果转化，需要一种良好的转化氛围。这种氛围包括领导的重视、班组的支持、运用技能的机会以及一定的激励措施等。因此，企业要营造学技能、用技能的良好氛围，鼓励员工将培训"所学"转为"所用"，使培训真正体现应有的价值。

（二）直线管理者要重视培训成果转化

从某种意义上说，管理者就是培训者，管理者的言行举止对员工的影响就是一种培训教育作用。各级管理者应该把培训作为一种职责，从培养人才的高度，为培训工作提供政策支持、资源保证。直线管理者的支持程度越高，培训成果转化的可能性就越大。对于培训工作，管理者所提供的最低层次支持是允许受训者参加培训，最高层次支持是作为培训师亲自参加培训。作为培训师参加培训项目

的管理者，更能帮助员工实现培训成果的转化，比如强化受训者在培训中新学能力的运用、与受训者讨论培训的进展情况、提供练习的机会，等等。

（三）班组要支持成员发挥培训所学

班组是最基本的生产（工作）组织单元，在班组受训者之间建立起一种支持网络，有助于培训成果的转化。所谓支持网络是指由多个受训者自愿组成的一个小群体，定期讨论在培训中学到的技能转化到实际工作中所取得的进展。通过这种交流，受训者可以分享把培训内容运用到工作中所取得的成功经验，达到互相促进、共同提高的目的，使班组成为学习型班组。

（四）为受训者发挥才智提供技术支持

企业提供技术支持是促进培训成果转化的必要条件。员工培训后有了新的创意与设计，企业应提供相应的技术支持，鼓励技术创新。特别是参加新工艺、新技术培训的人员学成回来后，企业要关注他们的想法，对有助于生产技术创新的点子，要给他们提供发挥才智的平台，创造尊重人才、尊重创造的环境。

（五）提供更多的运用所学技能的机会

运用所学技能的机会是指受训者所得到的或受训者自己努力寻找的运用新知识、新技能的机会。应用的机会受到工作环境和受训者动机两个方面的影响。受训者的直线管理者应尽可能安排他们从事需要运用所学技能的工作，这样就会加速培训成果的转化，使企业和员工同时受益。另外，运用的机会还会受到受训者是否愿意承担个人责任的影响，这就需要有一定的政策激励制度来促使受训员工自觉自愿地承担任务。

（六）提高受训者自我管理的能力

受训者在工作中运用新技能和采取新行为时要具备一定的自主管理能力。一是培养新技能应用能力。在培训学习的过程中，把当前学习内容与所从事的工作紧密地结合起来，制定学成后在工作中运用新技能的目标，评估运用新技能的积极与消极后果，设计新技能的应用方案。二是要有不畏艰难、坚持到底的决心和信心。新知识、新技能的运用不可能一帆风顺，总会有各种困难，遇到挫折不要失去信心，要及时总结经验教训，坚持到底就一定会取得成功。

（七）积极发挥培训管理部门的督导与推动作用

一是培训管理部门要让管理者充分了解下属所参加培训项目的内容，以及它与企业战略目标的关系，把如何促进培训成果转化的有关事项以备忘录的形式发给管理者。二是鼓励和引导受训员工将他们在工作中遇到的难题带到培训过程中，作为实践练习材料或将其列入行动改进计划。三是与管理者交流和分享在培训中收集的员工反馈信息，以引起管理者足够的重视。四是要求培训师在课堂上安排课后作业，让受训员工与他们的上级共同完成一份行动改进计划书。为确保受训者回到工作岗位上能够不断地应用新学习的技能，在培训结束后，培训组织者要依据对受训者学习成绩的判定和训后的行动计划，与受训者的直线管理者一起对受训者的实际工作表现进行跟踪和监督，及时提供辅导服务，积极推进培训成果转化。

四、建立学习型组织

建设学习型企业的培训文化，围绕企业确定的发展战略目标以及对员工岗位要求，建立健全以知识管理为基础、以企业发展为导向的学习体系，努力营造终生学习、知识共享的学习氛围，形成开放、共享、创新的企业培训文化，逐步把工作学习理念贯穿于企业各项工作中，采取多样的培训文化宣导方式，营造学习型企业培训文化。

同时，企业要树立积极的培训成果转化氛围。在培训结束后进行激励，企业要强化学习动机，督促员工将培训成果用于改变自己的工作方法和工作行为，还要对培训成果的应用情况进行跟踪并给出详细的反馈和具体的指导意见。为了促进员工有效运用培训中所学的知识，鼓励员工进行岗位轮换，在企业范围内为员工提供实践培训成果的机会。

第九章　企业培训管理者职业素养及职业发展

第一节　企业培训管理者的知识管理

培训管理看似不难，却不容易做好。虽然培训项目的内容会不断地发生变化，但是培训管理者的工作总是在重复同样的内容。培训管理者在工作中不得不面临各种问题，如预算不足、需求不清晰、领导不重视、培训对象不配合、供应商不给力等。更令人无奈的是，这些困扰总是会在培训项目中反复出现。因此，在培训活动中，培训管理者只有做好知识管理，才能以不变应万变。

培训管理者在设定课程目标时，需要注意以下几点。

①认识企业内部培训师的角色。

②了解心理学的主要内容。

③认知成人学习的特性。

④了解企业培训的几个层次。

⑤建立明确的管理态度。

⑥学习常用的管理技巧。

此外，还要遵循 MKASH 原则。

①强烈动机（M）。动机就像汽车车轮的轴心，处于核心的地位，决定了车轮的运转速度和运行状况。

动机原理在培训中同样适用，积极心态影响下的动机会加速车轮的运转，从而有利于培训活动的成功；反之，消极心态影响下的动机不但对培训对象不利，而且可能起到很大的破坏作用。所以，作为培训管理者，必须正确认识积极动机对成功的激励作用，不断调整自己的心态，以积极的动机面对培训工作中的困难和挑战，不断激励与超越自我，在积极动机的引领下实现目标。

②专业知识（K）。知识经济时代的管理者必须具备从事那份工作的专业知识，而且应该比下属员工更为专业，职业化必须以专业化为基础和背景。

做培训工作也一样，培训管理者首先要具备的就是培训师的专业知识，要做得好还得具备与其相关的其他知识，以形成完整的知识体系，支持工作的开展。培训管理者只有不断获取专业知识，才能做到培训管理的职业化，才能在激烈的竞争中不断得到认可，获得更多的发展机会和更大的发展空间。

影响受训者学习效果的因素包括以下几点。

第一，个人特质，如能力、背景、知识。

第二，学习动机，如主动、兴趣。

第三，环境因素，如场地、设施。

第四，企业文化，如企业管理者的重视程度。

第五，教学方法、教学内容。

第六，团队气氛，如培训师的指挥棒作用。

③具体行动（A）。培训管理者具备了良好的动机、专业化的知识以及熟练的技能显然还不够，最关键的步骤是要将这些落实到具体行动上。

高效能的培训活动还必须具备快速行动的能力，具备强劲的执行力。有些培训管理者的方方面面都比较优秀，知识水平很高、能力很强，可就是无法取得好的业绩，原因就出在行动能力的欠缺上。

汤姆·彼得斯说："快速制订计划并采取行动应该成为一种修养。"要想成为一个职业化的培训管理者，就必须改掉犹豫不决、瞻前顾后的办事风格，在自己认准的事情上认认真真地采取行动，如制订计划、争取预算、调查需求、跨部门协调、供应商甄选、谈判、签署合同、组织培训、效果评估与汇报。用行动证明一切，不断提高自己的执行能力。

④纯熟技巧（S）。技能是培训管理者开展工作的基础。只有知识，没有技能，

也是寸步难行。试想，一个培训管理者不具备沟通的技能，怎么开展工作？没有人际交往技能，怎么与培训对象交流？怎么和培训对象建立和谐的人际关系？

因此，技能的锻炼应该提高到与知识同等的高度，受到高度重视，不断地将知识转化为技能、转化为能力。一个职业培训管理者应该将纯熟的技巧运用到需求调查、目标设定、内容设计、方法选定、教学实施和成果评鉴中去。

⑤良好习惯（H）。习惯决定命运，这句话一点儿都不夸张。良好的习惯给人好的印象和感觉，能在很大程度上帮助一个人成功。

培训管理者必须具备良好的职业习惯，改掉不好的行为方式，养成职业化的行为习惯，随时随地注意信息收集，坚持终身学习，树立专业形象，使自己的一举一动都体现出良好的职业风采。

作为一个培训管理者，如果目光只局限于当前具体的培训活动上，"就事论事"地处理问题，不是从更高的视角探询解决问题的方法，那么，即使工作效率再高，这种效率也无法带来良好的效果。

对培训管理中所产生的组织过程资产，如知识、技术、方法、经验、教训等进行有效管理，有助于培训管理者将重复的工作简单化、流程化、标准化，从而逐步实现培训管理的规范化。

一、培训流程管理

任何企业的培训工作大致都会遵循一定的流程。这一流程有普遍的一面，即几乎所有的培训活动都包括课件准备、培训通知、部门沟通、人员安排、培训执行、结业考核以及培训评估。

由于企业受到各自内部环境的影响，培训工作流程的细节不尽相同。有的企业客户信息可能更为简洁，而另一些企业可能更为细致。无论是简洁的流程，还是细致的流程，其好坏的评价标准都只能是它是否适合本企业的实际状况，并使培训管理行之有效。

此外，任何培训工作流程都有持续优化的空间。这就需要培训管理者在培训实践中不断地总结经验教训，并将所能改进之处体现在流程设计中。

建立企业培训工作的流程图，通过培训工作流程的可视化管理，帮助培训管理者直观地发现问题，有利于整合资源和优化流程设计。

二、培训问题管理

在培训管理工作中，培训管理者会遇到各类问题。这些问题，无论是培训管理者在自身工作中所面对的，还是培训对象在培训中所提及的或是其在培训后的实践中所遇到的，都可以统一分为两大类。

一类是具有代表性的共性问题。这类问题不但典型，而且经常出现。将这类问题进行归纳汇总，并整理出解决问题的最佳实践方案（如果问题发起者是培训对象，则应将解决方案反馈给他们），这样就能有效避免培训管理者在同一环节被同样的问题所困扰。

另一类是具有个性化特色的问题，不需要一一记录，但针对此类问题的解决方法可以在培训管理团队内部进行交流和分享，以供他人借鉴。

三、培训档案管理

在培训管理工作中，各种标准化的文档模板不可或缺。标准化文档模板的运用，不仅可以提升工作效率，便于对相同性质的信息进行比较与分析，还有利于建立企业培训管理的规范化操作流程。

培训文档模板种类繁多，包括企业培训制度、需求调查表、需求确认书、供应商记录表、培训师记录表、培训协议、培训通知、培训评估表、培训结案报告、年度培训规划表、年度培训执行跟踪表、问题管理清单、企业案例汇编，等等。

将培训工作中能够通过标准化文档模板进行管理的部分尽量模板化，能够提高培训管理的效率。这个标准化的过程也是循序渐进的，模板从无到有，内容从繁杂到适度。模板的评价标准只有一个，那就是是否有助于提高管理效率，达到最好的工作效果。

此外，由于各类培训文档总是在实践中逐步被修改、调整与完善的，因此会形成同一文件的众多版本。如果不对版本进行有效管理，那么将给未来的工作带来麻烦。此外，对文件版本进行整理和归类，也有利于从全局的视角回顾、研究和理解本企业培训工作发展的过程，使相关人员的工作更能与实际相结合。

四、企业内部案例归纳

为了使培训工作与企业实践更好地结合起来，培训管理者应该有意识地搜集和整理企业经营管理中发生的典型案例。这种搜集和整理工作可以依托每一个具体培训项目的实施进行，比如在某一主题培训的前期，要求有关人员按照标准化的格式提出相关的问题，以便作为企业案例用于教学；也可以由培训对象提供案例信息，再由培训管理者按照标准的格式重新编写。

将这些案例累积下来，并分门别类地加以整理和归档，就能逐步形成企业工作实践所涉及各个方面的真实资料。这些案例的运用，不仅能够使培训更接近企业实践，还可以作为企业管理者的参考资料，使培训工作在管理中发挥作用。

第二节　企业培训管理者的职业素养

一、培训管理者的自我修炼

（一）培训管理者的任职资格

1. 性格方面

热情、开朗、自信、幽默风趣、富有感染力，乐于沟通，好为人师。具备较强的应变能力和协作能力，心理素质好，具有较强的适应性、影响力和敏锐的判断力。

2. 能力方面

思路清晰，逻辑思维强，头脑灵活。具备自我感知、激励他人、建立关系的能力，还包括前瞻能力、控制能力以及较强的分析和解决问题的能力。

3. 态度方面

专业、认真、严谨，做事果断不拖沓，具有强烈的责任心，具备良好的个人素养和团队协作精神。

4. 专业方面

精通企业管理方面的知识，擅长的领域广泛，如团队建设、企业文化建立、企业内部流程改造、沟通学、LT思维管理、头脑风暴、企业教练、执行力提升、团队激励和个人激励、个人职业生涯规划、成功学等。

（二）培训管理者的胜任力构建

1. 分析能力

能够根据外界提供的信息，结合自己以往的经验与认知进行分析，通过对事情的经过进行分析、理解和判断得出结论。

2. 沟通能力

重视且乐于沟通，愿意与人建立联系；重视信息的分享，用心聆听各方的意见和建议，并根据实际情况及时做出调整和回应。

3. 表达能力

思想流畅，能够迅速地分析、理解和整合信息，并能够将信息转化成语言清晰地表达出来；利用简洁、精炼、深入浅出的语言，使得对方容易理解，且乐于接受。

4. 学习能力

善于利用多种途径为自己创造学习机会，不断尝试新的学习方法；善于总结成功或失败的经验，以寻找提高自己能力的途径。

5. 感染力

善于利用肢体语言渲染情绪，演讲及授课都极具表现力，语言风趣、幽默；在传播理念的同时具有人格感染力，在人格上具备吸引力和魅力。

（三）培训管理者的五步走战略

1. 明确责任

首先必须了解自己的职责：传道、授业、解惑。在企业看来，培训就是宣讲企业文化，分享工作经验，传承核心技术，讲授专业知识，总结团队智慧，推动改善创新。此外，培训管理者还要有服务意识、敬业精神、感恩心态和双赢观念。

2. 课堂教导

课堂教导是指引导、教导课堂的学习过程。引导培训对象的思考方向，教导基本的专业技巧与方法。最关键的地方在于对整个培训过程的设计，包括内容、时间、场地、道具等；什么时间讲什么，怎么讲，讲多久，用哪些方法讲出来；练什么，怎么练，练多久，练出什么效果，有什么价值；如何活跃课堂气氛，激发培训对象学习情绪，寓教于乐，让他们在快乐活动中学到知识，练好技能，转变态度。

3. 控制气氛

控制气氛是指对场地和时间的掌控，对培训现场气氛的掌控和培训对象学习情绪的调动，目的是使培训师与培训对象的互动、举手投足、眼神表情，都可以让课堂气氛达到预期效果。与此同时，守时，即按既定的时间完成既定的培训任务，也是培训管理者的基本功。

4. 随机应变

随机应变是指对突发情况的应变能力和变通技巧。在慌乱的状况下如何克服紧张的情绪，怎样应对培训现场的变化，怎样对待"明星"培训对象，培训过程中可能遇到哪些问题，有哪些禁忌，包括时间的运用都需要演练。

5. 注重礼仪

礼仪是指培训管理者的言谈举止和着装仪表。用语简洁、大方，不拖泥带水，也不要有不文明的行为。

二、培训管理者的业务能力

培训管理者负责培训工作，包括制订培训计划、准备培训课程、实施培训以及培训结果评估等。此外，培训管理者还负责培训调查分析，根据培训需求整合培训内容、设计授课方式、确保内容的专业性和生动性，分析总结培训工作并提出培训管理与完善课程的合理化建议。

（一）培训课程方案的制订

一个培训课程方案的制订是复杂的，它必须考虑方方面面的因素。一方面，要考虑培训对象的实际情况，他们已有的知识背景、文化水平、接受能力等。另一方面，还要考虑具体的课程方案，例如课程方案在形式和内容方面都有哪些要注意的地方。

1. 知识背景

在知识背景方面，同样是对教师进行培训，来自农村和城市的教师，由于文化背景、教学经验方面的不同，他们的知识背景可能有很大的差异，培训管理者对他们的培训的侧重点也应有所不同，甚至在选择教学案例的时候也要与他们的实际教学经验相结合，否则无异于对牛弹琴。对于培训中新出现的一些术语，比如"核心素养"，对城市里的教师来说，可能并不陌生；而在农村地区，由于接触得比较少，教师的知识面可能更加狭窄，他们未必能够接受和理解在培训课程中出现的一些最新的名词。因此，在培训课程方案制订前，培训管理者应该对培训对象的知识背景有一个大致的了解，从而避免做无用功。

2. 文化水平

在文化水平方面，首先最直观的是培训对象的学历层次。由于学历层次不同，培训对象方方面面的能力也是不同的，因此在培训课程的接受程度、形式方面都有很大差异。其次，各个企业本身的文化水平也有很大的差异。在制订培训课程方案的时候，这些都是培训管理者要考虑的因素。

3. 接受能力

在接受能力方面，越年轻的培训对象接受能力往往越强；所在区域的经济水平越发达，相对来说培训对象的接受能力越强；当一个机构呈现一种开放、包容的状态时，对新事物、新观念的接受能力就越快、越强。所以，在设计培训课程方案的时候，培训管理者需要从新知识的涉及到培训方案的采取等方方面面考虑培训对象是否有相应的接受能力，盲目的求新是不可取的。

在制订具体的课程方案时，培训管理者要充分结合自己所学的业务知识，结合该领域的最新前沿以及一些热点问题，给培训对象最大的启发。与此同时，培训管理者要最大限度地让每个培训对象进行一定的实践活动，可以通过模拟一些实践情境，让他们认清自己的不足。同时，还要保证培训形式的多样化，采用小组合作等各种形式激发每个培训对象的潜力，发挥每个人的特长。当然，这些都要根据培训对象的规模进行调整和改变。

（二）培训课程实施前注意事项

培训课程的实施不仅是课程方案的执行，更重要的是要根据实际情况做出调研与调整。

1. 将培训内容与个人实际情况紧密结合

在一个培训课程实施以前培训管理者必须注意的是，对企业的实际情况进行调查。可以通过网络对即将培训的机构进行资料的搜索，对培训机构的大致情况有所了解，以便自己在制订课程方案的时候能够根据该机构的实际情况进行调整。如果条件允许还可以对该机构进行实地考察和调研，全面了解培训对象的实际状况，然后据此选择培训课程的内容和形式。如果是给一个大型企业的熟练员工进行培训，那么可能更多的要立足于他们的现实情况，给他们解决工作中的实际问题。如果讲演的对象是大学生，那么可能着重点完全不一样。大学生思想更加开放，具有可塑性，对新兴事物的接受能力更强，但是在处理企业的人际关系、了解企业规则等方面都没有其他员工好，所以在对他们进行培训的时候，要把侧重点放在与之不同的方面。在其他方面，在培训实施前也必须做出考量，比如场地的选择和费用的收取等方面。还要根据培训课程的规模、形式等对培训工作做出实际的调整。

2. 培训对象在学习过程中应该有完善的表现记录

学习与考评是一个相辅相成的过程。通过平时的考评逐步帮助培训对象树立正确的学习动机和态度，掌握学习方法，使培训对象具有善于发现问题、敢于提出问题、能够解决问题的实践能力。考评不能游离在培训之外。考评不仅是对培训对象已有学习水平的"客观"认定，更重要的在于通过考评发现培训对象在培训学习中的问题，找到具体的改进途径。因此，考评必须将培训教学与培训对象的学习融合在一起，从而使教评结合起来。教评结合可以改变评价的概念，评价不仅是一个通过收集资料、证据进行价值判断的过程，还是一个发现问题、提高认识、寻找解决问题途径的心理建构过程。

要想保证良好的学习效果，就需要培训对象提前对培训内容有所了解，阅读相关培训材料。当然，在培训过程中也需要培训对象的身心投入。企业内部的培训，要通过监督手段保证培训对象的学习效果。通过设置一套行之有效的培训前准备情况、培训中学习态度的记录方案提升培训对象的学习热情是很有必要的。

3. 课后需要跟踪考核

考核的目的是检验培训对象的培训学习情况。科学的考核可以对培训对象就单次培训的掌握程度做出合理的判断，使培训管理者可以适时地调整培训方案，对培训对象还能够起到一定的督促作用。培训对象每次考核的结果一定要与其下一次学习的情况、上级评价以及组织内部分享挂钩，避免出现"知识只传递给一个人，没有变成组织所共有的知识"的现象。要把考核放在实践中，通过组织内互评与上级领导评价相结合的方式，使培训成果对实际工作的意义清晰易见；同时，还可以激发培训对象的学习积极性，达到查缺补漏、使其看到自身优点与不足的目的。考核的最终目的是保证培训对象的学习效率、激发其学习兴趣，而不是单纯地检验培训对象的学习情况。

建立长期、有效的跟踪考核制度，对整个培训过程有重要意义，它不仅可以保证培训的效果，还可以减轻员工对被动参加培训的抵触情绪，加强组织文化建设，提升组织凝聚力，为组织的健康、良好发展提供保障。

（三）培训课程结束后满意度调查

在课程结束以后，有必要对培训课程的实施情况做一个调查，了解培训对象对自己所接受的培训课程是否满意，为之后的培训总结提供客观的依据，并确定改进方向。

培训课程满意度调查主要通过问卷与访谈的形式进行。在培训课程结束以后，可以将事先设计好的问卷发放出去，一般采用非实名的方法对大家的心理满意度进行调查。问卷涉及的内容主要包括课程培训方案的内容、形式、场地以及对培训师的课程进行评价。可以采用积分的方式，设置从"非常不满意"到"非常满意"五个不同的层次。在访谈方面，可以随机选取一些人员，向培训对象进行提问。当然，还可以在事后采用电话访谈的方式。访谈内容与问卷调查大体相似，访谈可以作为问卷的一个补充。在调查结束之后可以用一些统计工具对结果进行分析。在这个过程中，可以不让培训对象参与调查，避免影响结果的客观、公正。

培训课程结束后，满意度调查分为四大部分，即员工对培训课程的满意度、员工对培训师课程讲授满意度、培训组织安排满意度以及上级对培训效果满意度。

培训管理者在完成满意度调查后，应及时总结不足，提出合理建议并提出改进措施。例如，针对不同的培训对象，进行培训需求调查；对培训课程进行调整与改进，以满足不同岗位、层次的培训对象将培训知识运用到实践工作和生活中去的需求；完善培训体系，对培训后的效果进行阶段性评估。

（四）培训总结报告的撰写

培训总结报告的撰写是对前期所做工作进行的一个反思，既包括工作的得又包括失，关键是如何指导以后的工作。培训管理者认真撰写培训总结报告能够使其对工作经常进行总结与反思，对自身工作能力与工作水平的提高大有裨益，甚至在某种程度上对其他工作人员能力的提高也有一定的益处。

首先，在撰写培训总结报告时，要对自身在培训过程中所呈现的状态进行总结与反思，比如措辞、语气、身体语言、眼神、气势等。培训管理者所呈现的感染力是培训效果的关键，培训管理者只有自己全身心投入，才能确保培训对象积极参与。可以通过事先摄像的方式一一对照，与别人一起纠正自己行为中出现的偏差，以期望下次能够做出一些调整与改变。

其次，在撰写培训总结报告时，要对培训方案中的课程进行反思。不仅要思考培训课程的内容是否符合本次培训的主题，并最大限度地给培训对象以启发，从而解决他们在实践中遇到的问题与困惑，还要保证课程是与时俱进、符合实际的。培训管理者结合事后的满意度调查有利于保证自己的反思更加客观、公正。在培训形式方面，则要看形式是否符合培训对象的实际情况，并且尽量让每一个培训对象都有参与感，同时可以通过事后的一些追踪访谈确定自己的培训效果。

最后，在撰写培训总结报告时，要把重点放到自己需要改进和注意的地方。同时，要尽量少说空话与套话，针对自身的实际情况做出切实的反省，并且在下次进行培训的时候做出实际改变，这样课程的效果才会越来越好。

第三节　企业培训管理者的职业发展

一、自我评估

（一）认识自己的兴趣

兴趣是成功的重要推动力。培训管理者如果能够将自己的职业与兴趣结合到一起，则可以在工作中找到快乐和满足感，也更容易获得成功。职业心理学的研究表明，一个人如果对某种工作有兴趣，就能发挥他全部才能的80%～90%，并且能长时间保持高效率而不感到疲劳；如果对某种工作不感兴趣，则他的才能只能发挥20%～30%，且容易疲劳。

（二）认识自己的职业性格

依据霍兰德的职业兴趣理论，按照人们不同的职业特点和个体特征之间的关系，一般职业性格可分为六种类型，即技能型、常规型、研究型、艺术型、社会型、企业型。

①技能型。愿意使用工具从事操作性工作，动手能力强。往往看重现实事物的价值，偏好具体任务，做事保守，踏实稳重，较为谦虚。不善社交，通常喜欢独立做事。

典型职业。技术性职业（计算机硬件人员、摄影师、制图员、机械装配工），技能性职业（木匠、厨师、技工、修理工、农民、一般劳动者）。

②常规型。服从权威，讲究秩序，责任感强，有条理，耐心、谨慎，依赖性强，习惯接受他人的指挥和领导。通常较为谨慎和保守，缺乏创造性，不喜欢冒险和竞争，富有自我牺牲精神。

典型职业。适合具有记录、归档、据特定要求或程序组织数据和文字信息的职业，如秘书、办公室文员、会计、行政助理、图书馆管理员、出纳人员、打字员、投资分析员。

③研究型。坚持性强，有韧性，喜欢钻研，重视科学性，喜欢不断学习，善于分析与思考，为人好奇，独立性强，做事谨慎，喜欢独立的、富有创造性的工作。考虑问题理性，做事精确，喜欢逻辑分析和推理，喜欢不断探讨未知的领域。

典型职业。有智力或分析才能，并将其用于观察、估测、衡量，逐渐形成理论并最终解决问题的工作，如科学研究人员、教师、工程师、电脑编程人员、医生、系统分析员。

④艺术型。理想主义者，追求完美，想象力丰富，富有创造性，具有独特的思维方式，乐于创造新颖、与众不同的成果，渴望表现自己的个性、实现自身的价值，具有一定的艺术才能和个性。

典型职业。艺术性职业（演员、导演、艺术设计师、雕刻家、建筑师、摄影家、广告制作人），音乐性职业（歌唱家、作曲家、乐队指挥家），文学性职业（作家、诗人、剧作家）。

⑤社会型。有强烈的社会责任感和责任心，关心社会问题，渴望发挥自己的社会作用，为人友好，性格热情，开朗，善解人意，助人为乐，易于合作。寻求广泛的人际关系，比较看重社会义务和社会道德。

典型职业。喜欢要求与人打交道的工作，比如教育工作者（教师、教育行政人员），社会工作者（咨询人员、公关人员）。

⑥企业型。为人乐观，对自己充满自信，喜欢冒险，精力旺盛，有支配愿望，善交际，喜欢发表意见和见解，善辩，独断。追求权力、权威和物质财富，具有领导才能。

典型职业。项目经理、销售人员、营销管理人员、政府官员、企业领导、法官、律师。

二、社会环境和职业分析

（一）社会总体环境

在社会经济迅猛发展的环境下，企业之间的竞争归根到底是人力资源的竞争，这就导致人才竞争日趋激烈，如何在激烈的社会竞争中处于不败之地，成了当今求职者必须面对和解决的问题。

社会环境分析可以从以下几个方面着手。

①社会政策。主要是人事政策和劳动政策。

②社会变迁。如知识经济和信息化社会的发展，会对人的职业生涯发展产生较大的影响。

③社会价值观。价值观会随着社会的不断发展和进步而发生不同程度的变化，从而影响社会对人的认识和对职业的要求。

④科学技术的发展。科技的发展会带来理论的更新、观念的转变、思维的变革、技能的补充等，而这些都是职业生涯规划中不可或缺的要素。

（二）管理职业分析

由于中国的管理科学发展较晚，且管理知识大部分借鉴国外的，中国的企业管理还存在许多不完善的地方，因此管理人才供不应求，尤其是经过专业系统培训的高级管理人才更加缺少。

管理要求必须适合中国的国情，这就要求管理的科学性与艺术性和环境动态相适应。因此，受中国市场吸引而进入的大批外资企业都面临着本土化改造的任务，这就为准备去外企做管理工作的人员提供了很多机会。随着管理职位需求量的不断增加，管理职位变得炙手可热，这也使更多的企业认识到管理职位在企业中的重要作用。因此，管理岗位从业者们的薪酬也在不断攀升，管理职业的前景被持续看好。

（三）行业分析

现代经济发展中科技与智力的竞争，归根结底是人力资源水平的竞争，是人力资源的充分开发及其利用的角逐。企业员工培训活动则是开发人力资源的重要途径，为培训行业的快速发展奠定了基础。

培训管理者无疑是培训活动的主要角色，作为一种新兴职业，已经从前几年默默无闻的"后台"，步入了争夺众多眼球而令人称羡的"钻石""高薪"职业行列。员工为了适应知识和技能的不断更新，应对职场的竞争压力，以获得职业生涯的发展，必须持续学习和接受培训。

随着各行各业的竞争加剧，企业与企业之间从资金、技术的竞争，上升到知识、人才的竞争。越来越多的企业领导者意识到，企业长期发展的核心竞争力来自员工素质的不断提升，对培训工作也越来越重视，因此培训管理者的职业前景一片光明。

参考文献

[1] 林森. 国内外员工培训理论研究综述 [J]. 对外经贸, 2012（3）.

[2] 张星. 西方员工培训理论：从传统到现代 [J]. 中国城市经济, 2011（15）.

[3] 李永山. 构建以能力为导向的高校辅导员分层培训体系 [J]. 思想理论教育导刊, 2016（4）.

[4] 周晓新, 邢迎春, 刘俊英. 战略导向的中央企业领导力培训体系建设探讨 [J]. 继续教育, 2015（4）.

[5] 吕鹏. 电网企业培训体系建设探索与实践 [J]. 人力资源管理, 2014（6）.

[6] 祝智庭, 管珏琪, 邱慧娴. 翻转课堂国内应用实践与反思 [J]. 电化教育研究, 2015（6）.

[7] 温善毅, 钟志贤. 国内企业培训 E-learning 研究现状及发展趋势 [J]. 江西广播电视大学学报, 2014（2）.

[8] 赵昭. 提升企业培训有效性的策略探析 [J]. 市场观察, 2015（52）.

[9] 陈清. 互动式培训中存在的问题及其对策 [J]. 石油化工管理干部学院学报, 2015（1）.

[10] 翁杰, 周游. 企业员工培训有效性优化分析 [J]. 科技致富向导, 2013（8）.

[11] 赵春霞. 以经验分析为辅的胜任能力培训需求分析 [J]. 焦点透视, 2014（12）.

[12] 金美兰. 伊诺分析法下的培训需求调查分析——以广西组工干部为例 [J]. 经济与社会发展, 2012（2）.

[13] 黄筠斐. 浅析员工培训需求分析 [J]. 职业, 2015（24）.

[14] 赵亚南. 柯氏模型在提高培训有效性中的应用研究 [J]. 继续教育研究, 2013（9）.

[15] 商丽莉，王琛 . 烟台市新型农民培训的过程评估研究—— 基于 CIRO 评估模型的运用 [J]. 农业与技术，2015（20）.

[16] 刘双跃，胡欢，刘小芬 . 基于柯式和 CIPP 模型构建企业安全培训评估体系 [J]. 内蒙古煤炭经济，2016（22）.

[17] 邓鹤泉，戴良铁，董利敏，等 . ROI 模型在培训效果评估中的应用 [J]. 中国商贸，2013（11）.